Sven Romann

Moderne Managementdiagnostik

Methodenvergleich und Empfehlungen für die Praxis

Bibliografische Information der Deutschen Nationalbibliothek:

Die Deutsche Nationalbibliothek verzeichnet diese Publikation in der Deutschen Nationalbibliografie; detaillierte bibliografische Daten sind im Internet über http://dnb.d-nb.de abrufbar.

Inhaltsverzeichnis

Zusammenfassung

Die vorliegende Arbeit befasst sich mit verschiedenen Methoden der Managementdiagnostik. Ziel der Arbeit ist es, anhand definierter Kriterien einzelne Methoden zu analysieren und abschließend einem Vergleich zu unterziehen. Im ersten Teil der Arbeit werden die für das Thema relevanten Begriffe Management, Managementdiagnostik, Kompetenz, Performance sowie Potenzial definiert. Im zweiten Abschnitt werden die Kriterien für die Analyse entwickelt. Diese Kriterien setzen sich aus Ansätzen der Führungspraxis, dem Konstrukt der Organisationskultur und der psychologischen Diagnostik zusammen. Für die Analyse wurden folgende Kriterien aus den genannten Ansätzen abgeleitet: Einsatzzweck (Performance-, Kompetenz- oder Potenzialanalyse), Zielgruppe, ein exemplarisches Kompetenzmodell (mit den drei Dimensionen persönliche Kompetenz, Aufgabenkompetenz und soziale Kompetenz), Passung zur Organisationskultur, eingesetzte Instrumente, Multimethodalität, Akzeptanz der Methode sowie Grenzen der Methode. Im dritten Abschnitt werden folgende Methoden anhand dieser Kriterien analysiert: Assessment Center, 360-Grad-Feedback, Management Audit, Manager Disputation, Integrationsrunden und psychologische Testverfahren (Intelligenz- und Persönlichkeitstests). Den Abschluss bildet ein Vergleich in Form einer tabellarischen Gegenüberstellung der einzelnen Methoden. Zusammenfassend lässt sich feststellen, dass nicht jede Methode für jede Fragestellung geeignet ist. Zudem liefern einzelne Methoden nur dann valide Aussagen auf die Eignung einer bestimmten Person auf eine Position, wenn die Instrumente der jeweiligen Methode Bezug auf Anforderungsprofil sowie Führungs- und Unternehmensleitbilder nehmen.

Abstract

This thesis deals with different methods of management diagnostics. The aim of this thesis is to analyze different methods by criteria defined beforehand and to compare these methods at the end witch each other. In the first part of this paper relevant keywords will be defined: management, management diagnostics, performance, competence, and potential. In part two criteria for the analysis will be defined from approaches of managerial experience, construct of organizational culture and psychological diagnostics. The following criteria for analysis were defined: purpose, target group, an exemplary model of competences, fit to the organizational culture, instruments, multiple methodologies, acceptability and limitations of a method. The following methods were analyzed in the third part of this thesis: Assessment Center, 360-Degree-Feedback, Management Audit, Manager Hearing, Integrationsrunde and psychological tests (intelligence test and personality test). Finally, in part four the different methods of management diagnostics are compared with each other in a table. In summary it can be seen that not every method is applicable to all problem situations. A single method only can make valid statements about suitability of a person when the instruments of methods derived from qualification profile and corporate philosophy.

Abbildungsverzeichnis

Tabellenverzeichnis

1 Einleitung

Die vorliegende Arbeit beschäftigt sich mit den derzeit üblichen Methoden der Managementdiagnostik. Das Ziel der Arbeit ist es, die einzelnen Methoden anhand zuvor definierter Kriterien zu analysieren und abschließend einem Vergleich zu unterziehen. Dieser Vergleich soll es Praktikern in der Personalarbeit erleichtern, die richtige Methode für spezifische Fragestellungen der Managementdiagnostik zu finden.

Zunächst werden die wichtigsten Begriffe zur Managementdiagnostik näher erläutert. Im Anschluss daran sollen Kriterien für den Vergleich der einzelnen Methoden anhand praktischer und wissenschaftlicher Ansätze definiert werden. Dabei wird u.a. auf die heutigen Anforderungen an Führungskräfte und die Situation heutiger Unternehmen eingegangen. Ansätze aus der psychologischen Diagnostik runden die Kriteriendefinition ab. Im Anschluss werden gängige und zeitgemäße Methoden der Managementdiagnostik anhand der Kriterien analysiert. Ein abschließender Vergleich und ein Fazit runden die Arbeit ab.

2 Begriffe

2.1 Managementdiagnostik

Die Managementdiagnostik ist ein Teilbereich der psychologischen Eignungs- und Leistungsdiagnostik, welche sich an potenzielle Führungskräfte bzw. an Personen richtet, die bereits eine Führungsposition bekleiden. Die Abgrenzung zur „normalen" Eignungsdiagnostik von Mitarbeitern ist nicht einfach, da im Wesentlichen die gleichen Methoden zum Einsatz kommen. Als Beispiel wären hier z.B. Interviews oder das Assessment Center genannt (Schuler & Moser, 1995).

Das Ziel der Managementdiagnostik ist es, Auskunft über die vorhandenen Kompetenzen, dem Potenzial für höhere Positionen und über die momentane Performance einer Führungskraft zu geben (Lackner, 2012).

Bevor die Begriffe Potenzial, Kompetenz und Performance näher betrachtet werden, sollte auch noch auf die Begriffe der Führung und des Managements näher eingegangen werden.

In der Fach- und Populärliteratur werden die Begriffe Management (bzw. Manager) und Führung (bzw. Führer) oft synonym verwendet. Führung wird dabei meist als absichtliche und zielbezogene Beeinflussung von Personen angesehen (Sarges, 1995). Allerdings ist diese Sicht auf das Management bzw. auf die Arbeit eines Managers zu eingeschränkt. Management ist mehr als „nur" Menschenführung. Zu den Aufgaben eines Managers gehört es auch, die Visionen, Ziele und die Richtung für seine Organisation vorzugeben und die Ressourcen der Organisation zu bündeln, um diese Visionen und Ziele umzusetzen (vgl. Sarges, 1995 und Malik, 2007). Aufgrund der Komplexität dieser Tätigkeit, sollte man Management als Beruf betrachten und nicht als etwas, was manchen Menschen von Natur aus mitgegeben wurde und anderen nicht (vgl. Seliger, 2008 und Malik, 2006). Führung ist somit vielmehr eine berufliche Rolle. Unter einer Rolle versteht man die Erwartungen, die an eine Person als Inhaberin einer Position gerichtet werden. Eine Rolle charakterisiert somit keinen Menschen, sondern eine Position (Seliger, 2008).

2.2 Potenzial, Kompetenz und Performance

Wie bereits im Abschnitt davor hervorgegangen ist, bilden die Begriffe Potenzial, Kompetenz und Performance eine wichtige Grundlage für die Managementdiagnostik. In diesem Abschnitt sollen diese Begriffe daher näher erläutert werden.

2.3 Potenzial und Potenzialanalysen

Unter Potenzial versteht man die „Fähigkeit, eine Funktion auf einer höheren Ebene erfolgreich wahrnehmen zu können und dabei einen erkennbaren zusätzlichen Nutzen für das Unternehmen zu stiften" (Schuh, 2005; S. 10).

Die Schwierigkeit bei der Erhebung von Manager-Potenzial besteht darin, das momentane Verhalten, sowie Einstellungen und Werthaltungen möglichst umfassend und objektiv zu erfassen und dabei Rückschlüsse auf zukünftig erforderliches Verhalten zu ziehen. Im Fokus steht dabei das Erkennen von Fähigkeiten und Fähigkeitsreserven, die in einem Mitarbeiter bzw. in einer Führungskraft stecken (Mücke, 2005). Das Ziel einer Potenzialanalyse ist es, die persönlichen Entwicklungsmöglichkeiten sowie die individuelle Leistung von Führungskräften mittel- und längerfristig einzuschätzen und Führungskräfte mit gutem Potenzial strukturiert zu fördern (Batsching, 2005). Die Grundlage für das diagnostische Vorgehen bildet dabei das Anforderungsprofil, welches aufführt, welche Kriterien in welcher Ausprägung ein Potenzialträger zu erfüllen hat (Mücke, 2005). Dabei gilt es zukünftig relevante Erfolgskriterien zu erfassen, welche sich auf bereits im Vorfeld durchgeführte Untersuchungen und Befragungen von Führungskräften höherer Ebenen stützen (Mücke, 2005).

2.3.1 Kompetenzen und Kompetenzmodelle

Kompetenzen können als ein Set von Fähigkeiten, Fertigkeiten und anderen Merkmalen verstanden werden, die dazu beitragen, dass eine Person in der Lage ist, komplexe Situationen im Beruf effektiv zu bewältigen (Krumm & Mertin, 2013). Neben Wissen, Können, Fähigkeiten und Fertigkeiten wird zum Konstrukt der Kompetenz auch die Anwendungsfähigkeit dazugezählt. Kompetenzen zeigen sich im beruflichen Alltag in Form von beobachtbaren und situationsgebundenen Verhaltensweisen (Kauffeld & Grote, 2011).

Kompetenzen werden meist in Kompetenzmodellen zusammengefasst. Unter einem Kompetenzmodell versteht man eine Sammlung von Kompetenzen, die als relevant erachtet werden, um in einer Organisation erfolgreich agieren zu können. Für die Managementdiagnostik ist ein Kompetenzmodell von zentraler Bedeutung, da die dort enthaltenen Kompetenzbegriffe auf die Instrumente der Managementdiagnostik fokussieren (Krumm & Mertin, 2013). Man sollte allerdings beachten, dass sich zwei grundsätzliche Konzeptionen von Kompetenzmodellen gegenüberstehen (Wottawa, 2005; S. 209):

1. Kompetenzen werden als Eigenschaften gesehen, die einer Person zuzuordnen sind.

2. Kompetenzen entsprechen „Clustern" von beruflich relevanten Situationen und es geht darum, dass die Person in den zugeordneten Situationen das „richtige" Verhalten zeigen kann.

Beim „Kompetenz = Eigenschaft" Modell wird ein System von Begriffen aufgebaut, das die relevanten Eigenschaften widerspiegeln soll. Die Begriffe sind dabei hierarchisch gegliedert: z.B. könnte „Soziale Kompetenz" den Oberbegriff darstellen und „Teamfähigkeit" die Ebene darunter (Wottawa, 2005). In der Regel liegt einem solchen Konzept keine wissenschaftlich fundierte Konzeption menschlicher Eigenschaften zugrunde, sondern nur ein in sich logisch stimmig erscheinender Bezugsrahmen (Wottawa, 2005). Auf Basis dieses „Kompetenz = Eigenschaft" Modells ist es sehr gut möglich Aussagen wie „ist erfüllt", „teilweise erfüllt" oder „nicht erfüllt" zu machen und ist daher für Methoden wie dem Assessment Center oder für Audits geeignet. Schwierig wird es dagegen, wenn man anhand der Kompetenzen versucht, Personen in eine Reihenfolge nach „größer" oder „geringer" ausgeprägter Kompetenz zu bringen (Wottawa, 2005).

Das zweite Modell („Kompetenz = Richtiges Verhalten in Aufgabenclustern") beruht auf der Bildung von Aufgabenclustern für annähernd homogene Positionsgruppen (Wottawa, 2005). Innerhalb jeder dieser Gruppen werden wichtige Situationen zusammengefasst, die ähnliche Kompetenzen erfordern. So könnte ein Oberbegriff etwa „Verhalten bei Mitarbeitern" lauten. Dieser ließe sich weiter differenzieren: zum Beispiel in „Motivation von Mitarbeitern" oder „Verhalten Bei Konflikten mit Mitarbeitern" (Wottawa, 2005). Bei diesem Modell werden somit nicht die Eigenschaften von Personen beschrieben, sondern es gibt an, welches Verhalten in welcher Situation erwünscht und damit „kompetent" ist. Ein solches Situationscluster ist positionsspezifisch, d.h. ein Cluster für einen Teamleiter würde sich in erheblichem Ausmaß von einem Cluster für einen Vorstand unterscheiden (Wottawa, 2005).

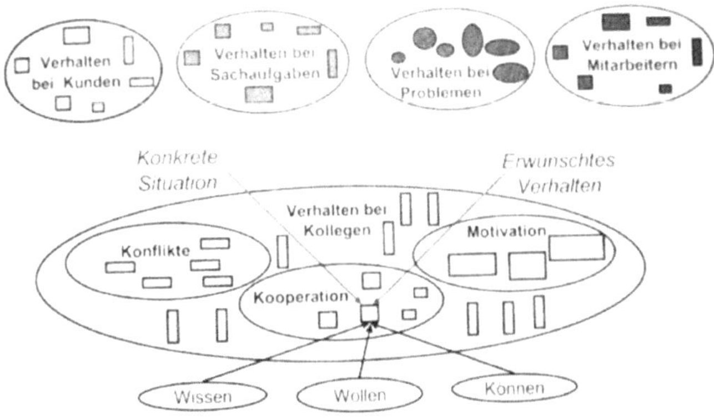

Abbildung 1: Kompetenzmodell auf Basis von Aufgabenclustern
(aus: Wottawa, 2005; S. 213)

Für die Praxis empfiehlt es sich, Kernkompetenzen (bei beiden Modellen jeweils die erste Ebene) zu bilden (z.B. Unternehmerische-, Führungs- und Persönliche Kompetenz), diese für die entsprechende Zielposition zu spezifizieren und mit konkreten Verhaltensbeispielen zu unterlegen (Mücke, 2005). Die Kernkompetenzen müssen dazu dem jeweiligen Unternehmen selbstverständlich angepasst werden.

2.3.2 Performance

Unter Performance versteht man das Leistungsverhalten einer Person. Die notwendige Voraussetzung für Performance stellt die Kompetenzausstattung dar (Lackner, 2012). In welchem Ausmaß eine Person ihre Fähigkeiten und Fertigkeiten einsetzt, ist eine Frage der Motivation dieser Person. Man unterscheidet zwei Arten von Motivation: extrinsische und intrinsische Motivation. Im Arbeitskontext versteht man unter extrinsischer Motivierung zum Beispiel Tätigkeiten, die nicht wegen der Freude an dieser Tätigkeit verrichtet werden, sondern zum Beispiel wegen des Lohnes. Das heißt, die Motivierung kommt von außen (Schönpflug & Schönpflug, 1997). Dem gegenüber steht die intrinsische Motivation, die aus dem Inneren der Person kommt: eine Person handelt, weil sie von der Sache selbst fasziniert ist und nicht durch eine unmittelbare Belohnung dadurch veranlasst wird (Neuberger, 2002). In der

Realität ist die Trennung zwischen extrinsischer und intrinsischer Motivation nicht einfach, da sie meist miteinander wirken. Allerdings ist es wichtig zu wissen, ob eine Führungskraft eher intrinsisch oder eher extrinsisch motiviert ist, da extrinsische Motivation durch ständige Veränderung der äußeren Anreize aufrechterhalten werden muss (vgl. Aronson et al., 2008).

Damit eine Person in ihrer Arbeit erfolgreich ist, müssen neben den vorhandenen Kompetenzen und der Motivation auch die organisationalen Rahmenbedingungen passen (Lackner, 2012). Mitarbeiter benötigen eine passende Umgebung um erfolgreich zu sein (zum Beispiel benötigen Führungskräfte Mitarbeiter mit einem bestimmten Qualifikationsgrad).

3 Die Kriterien für die Analyse

Wie lassen sich die Methoden der Managementdiagnostik vergleichbar machen? Dazu müssen Kriterien erstellt werden, die einen Vergleich ermöglichen.

Die Kriterien sollen in dieser Arbeit zunächst aus Ansätzen aus der Führungspraxis abgeleitet werden. Dabei stehen die heutige Führungssituation und die daraus resultierenden benötigten Kompetenzen die Führungskräfte benötigen im Fokus. Anschließend sollen Erkenntnisse aus der Organisationskultur näher beleuchtet werden. Hierbei wird zunächst das Kulturmodell nach Edgar Schein vorgestellt. Im Anschluss soll die Wichtigkeit der Passung einer Person (Führungskraft) zur Organisation (P-O-Fit) herausgearbeitet werden. Den Abschluss der Kriterien-Erstellung bilden wissenschaftliche Ansätze aus der Psychologischen Diagnostik.

3.1 Führungspraxis

3.1.1 Vergangenheit und heutige Sicht auf Führung

Das Verständnis über Führung ist einem ständigen Wandel unterzogen. Verknüpfen ältere Führungsmodelle den Führungserfolg eng mit dem Verhalten und den Eigenschaften der Führungskraft (vgl. u.a. Blessin & Wick, 2014 oder Stippler et al., 2011a), so ermöglichen neuere Ansätze eine breitere Perspektive auf die Führung, indem sie den Interaktionsprozess zwischen Führungskräften und Mitarbeitern, die Bedeutung der Mitarbeiter oder den organisationalen Kontext stärker fokussieren (Lang & Rybnikova, 2014).

Es gibt eine nahezu unüberschaubare Anzahl verschiedener Erklärungsansätze. Die einzig richtige Theorie oder Beschreibung von erfolgreicher Führung kann es aber nicht geben. Die alten Vorstellungen von Führung entstanden in dem Hintergrund, als Veränderungen noch Ausnahmeerscheinungen waren und die Reichweite von Führung und Organisationen noch überschaubar waren (Seliger, 2008). In einer komplexen Zeit schneller Kommunikation und globalisierten Märkten reicht die klassische Sicht auf eine Führungsperson, die allein die Richtung vorgibt, nicht mehr aus. In den vergangenen Jahren haben sich die Bedingungen für Führung auf vielerlei Weise geändert (Seliger, 2008; S. 24):

- Räumliche Grenzen verlieren an Bedeutung (Organisationen operieren global und damit interkulturell).

- Stabilität ist die Ausnahme (Führung muss mit Ungewissheiten leben).

- Produkte und ihre Herstellung sind abstrakt geworden (Wissen ist zum Produkt geworden und Unternehmen sind auf die Expertise ihrer Mitarbeiter angewiesen).

- Die Eigentumsverhältnisse sind nicht einfach zu durchschauen (z.B. bei großen Aktiengesellschaften).

- Organisationen erreichen oft unüberschaubare Größenordnungen.

Führungskräfte können also nur dann erfolgreich sein, wenn sie es schaffen, sich auf diese veränderten Situationen einzulassen und diese meistern. Welche Kompetenzen dazu notwendig sind, soll im nächsten Abschnitt erläutert werden.

3.1.2 Anforderungen an Führungskräfte

Die meisten Autoren sind sich einig, dass Führung hauptsächlich über Kommunikation stattfindet (Blessin & Wick, 2014). Dabei findet Kommunikation nicht nur mündlich von Person zu Person statt, sondern über verschiedene Kanäle. Führungskräfte müssen delegieren, informieren, loben und tadeln. All dies geschieht über Kommunkation. Die Herausforderung für Führungskräfte besteht darin, die verschiedenen Kommunikationskanäle zu beherrschen und für sich zu nutzen, um mit den verschiedenen Individuen einer Organisation interagieren zu können (z.B. mit untergebenen Mitarbeitern, Vorgesetzten, Kunden etc.). Dabei müssen sie den jeweiligen Kontext betrachten und ihre Kommunikation nach ihrem Gegenüber (Empfänger einer Nachricht) richten (Blessin & Wick, 2014). Besondere Anforderungen an die Kommunikationsfähigkeiten ergeben sich auch im Hinblick auf die Vielfältigkeit (Diversity) der in der Organisation arbeitenden Menschen. Die Unterschiede reichen dabei über diverse kulturelle Hintergründe, über verschiedene Altersstrukturen (Demographischer Wandel) sowie über Unterschiede in der (beruflichen Aus-) Bildung und beruflichen Erfahrung (vgl. Blessin & Wick, 2014).

In einer globalisierten Arbeitswelt kommen Führungskräfte auch mit Geschäftspartnern anderer Kulturkreise in Kontakt. In zahlreichen Studien, wurde schon versucht, die kulturellen Unterschiede von Führung zu erfassen und zu verstehen (zu den bekanntesten gehört sicherlich die GLOBE-Studie). Es ist bekannt, dass die meisten Menschen dazu neigen zu glauben, dass ihre Kultur normal und anderen übergeordnet ist (Stippler et al., 2011b). Dies kann im Arbeitsleben zu Vorurteilen und Missverständnissen führen und die Geschäftsbeziehungen schlimmstenfalls nachhaltig stören und schädigen. Führungskräfte die dazu in der Lage sind Sachverhalte aus dem Blickwinkel der jeweils anderen Kultur zu betrachten, können Missverständnissen entgegenwirken und kulturelle Unterschiede als Stärke nutzen (Stippler et al., 2011b). Interkulturelle Kompetenz hat sich damit zu den Kernkompetenzen heutiger Führungskräfte entwickelt (Harss & Liebich, 2015).

Eine wichtige Aufgabe von Führungskräften stellt auch die Motivation von Mitarbeitern dar. Doch wie können Führungskräfte diese erreichen? Neuere Studien zeigen, dass Menschen nicht nur auf ihre Arbeitskraft reduziert werden möchten, sondern von ihren Führungskräften auch Respekt fordern (Decker et al., 2014). Respekt bedeutet in diesem Zusammenhang, dass jeder Mensch unabhängig von Status oder Hierarchie als gleichwertig angesehen wird. Erlebter Respekt steigert die Sicherheit, den Selbstwert und das Wohlbefinden der Mitarbeiter und somit auch die Arbeitszufriedenheit. Dies geht mit einer gesteigerten Effizienz und Produktivität einher (vgl. Decker et al., 2014). Mangelnder Respekt dagegen senkt die Arbeitsmotivation. Demotivierend wirken vor allem eine geringe Leistungserwartung seitens des Vorgesetzten, Missachtung fachlicher Kompetenzen der Mitarbeiter oder bei übertriebener Kontrolle durch den Vorgesetzten (Sprenger, 2014).

Führungskräfte müssen stets mit anderen Menschen zusammenarbeiten. Sei es, weil sie in ein Management-Team eingebunden sind oder weil sie eine eigene Abteilung führen. Sie sind daher stets auf Kooperation und gegenseitige Unterstützung angewiesen (Wübbelmann, 2001). Die gemeinsame Erarbeitung von Fortschritten, Lösungen und Ergebnissen kann nur mit einer gewissen Fähigkeit zur Teamarbeit geleistet werden. Durch die Zusammenarbeit mit anderen Menschen entstehen auch Konflikte. Dabei können Führungskräfte sowohl in einem Konflikt selbst beteiligt sein, als auch mit Konflikten zwischen anderen Personen konfrontiert werden (Wübbelmann, 2001). Manager benötigen somit auch ein gewisses Maß an Konfliktlösefähigkeiten um in Konfliktsituationen vermitteln und schlichten zu können.

Die bisher vorgestellten Kompetenzen, könnte man in einem Kompetenzmodell unter der Bezeichnung *soziale Kompetenz* zusammenfassen.

Beschäftigt man sich mit sowohl mit wissenschaftlicher als auch populärwissenschaftlicher Literatur zum Thema Manager-Kompetenzen, ist ein Kompetenzbereich immer dabei. Er lässt sich unter dem Oberbegriff *Aufgabenkompetenz* zusammenfassen. Dazu wird primär meist die unternehmerische und strategische Kompetenz genannt (vgl. Grunwald, 1995; Wübbelmann, 2001 und Mücke, 2005), zu der Fähigkeiten wie analytisches und konzeptionelles Handeln, Ziel- und Ergebnisorientierung sowie Veränderungsmanagement gezählt werden (vgl. Wübbelmann, 2001; Zusammenfassend: Mücke, 2005). Das bedeutet, dass Manager in der Lage sein müssen, in größeren Zusammenhängen zu denken und zu handeln. Dies ist notwendig, um beispielsweise Veränderungen im Verhalten der Marktteilnehmer zu bemerken (Wübbelmann, 2001). Zu den Aufgaben des Managers gehört es auch, sein Handeln an den Zielen der Organisation auszurichten (und somit eine aktive Beschäftigung mit diesen Zielen) und das Hinterfragen von Aktivitäten auf ihre Zieldienlichkeit hin. Dabei müssen Führungskräfte auch zu komplexem Problemlösen und zur Treffung von konkreten Entscheidungen fähig sein (Wübbelmann, 2001). Im Führungsalltag müssen häufig Entscheidungen zwischen mindestens zwei gegebenen, gleichwertigen oder gegensätzlichen Alternativen getroffen werden (Neuberger, 2002). Diese Alternativen sind meist komplex und mehrdimensional sowie mehrdeutig zu verstehen.

Einzelne Arbeitsschritte und Projekte müssen von Führungskräften kontrolliert werden, wobei Kontrolle hierbei als *„ziel- und planungsorientierte Fortschritts- und Erfolgsbewertung"* bezeichnet werden kann (Wübbelmann, 2001; S. 149). Hierzu muss die Führungskraft in der Lage sein, die Arbeitsprozesse zu evaluieren; eine ausreichende Kenntnis über die entsprechenden Methoden ist daher notwendig (Methodenkompetenz).

Leistung ist immer an Wissensstrukturen gebunden (Wübbelmann, 2001). Daher ist auch fachliche Kompetenz notwendig, um die Leistungen der Mitarbeiter (die in den Verantwortungsbereich der Führungskraft fallen) beurteilen zu können. Es ist daher wichtig, dass Manager ihr Fachwissen regelmäßig aktualisieren. Welche fachliche oder methodische Kompetenz eine Führungskraft mitbringen muss, entscheidet meist die Stufe in der Unternehmenshierarchie (Position), auf der sich die Person gerade befindet (Mücke, 2005).

Neben den sozialen und aufgabenorientierten Kompetenzen muss eine Führungskraft auch Fähigkeiten mitbringen, die sich unter dem Oberbegriff *Selbstkompetenz* zusammenfassen lassen.

Eine wichtige Kompetenz ist die Fähigkeit zur Selbstreflexion. Wie bereits weiter oben beschrieben, wird Führung heutzutage als berufliche Rolle angesehen. Rollen grenzen die Handlungsmöglichkeiten von Menschen ein, gleichzeitig geben sie aber auch Sicherheit indem sie vorschreiben, wie sich eine Person in einer bestimmten Situation verhalten soll (Seliger, 2008). Führungskräfte befinden sich also stets in einer Rolle, an die zahlreiche Verhaltenserwartungen geknüpft sind. Je klarer der Führungskraft diese Erwartungen sind, desto eher kann sie entscheiden, wie sie die Rolle ausführen möchte (Seliger, 2008). Es ist also wichtig, dass sich die Führungskraft darüber bewusst wird, welche Rolle sie in der Organisation ausfüllt und welche Erwartungen an diese Rolle geknüpft sind. Damit verbunden sind auch die eigenen Werte und ob diese zu den Werten der Organisation passen (vgl. Abschnitt 3.2.2). Ein weiterer wichtiger Aspekt der Selbstreflexion stellt die Kenntnis der eigenen Stärken und Schwächen dar. Diese Erkenntnis ist unter anderem an das Zutrauen in die berufliche Leistungsfähigkeit gekoppelt und bildet auch die Grundlage für Selbstvertrauen (Lackner, 2012).

Weitere wichtige Selbstkompetenzen sind Flexibilität und Lernfähigkeit (vgl. Wübbelmann, 2001). Unsere moderne Wirtschaftswelt ist ständigen und oftmals sehr schnellen Veränderungen ausgesetzt. Neue Technologien verändern die Kommunikation oder das Konsumverhalten der Kunden. Neue und innovative Produkte oder Dienstleistungen ersetzen etablierte Produkte und Dienstleistungen. Führungskräfte müssen in der Lage sein, auf diese Veränderungen zu reagieren und ihr Handeln den neuen Situationen anpassen (Wübbelmann, 2001). Flexibilität bedeutet in diesem Kontext die Fähigkeit, angemessene Strategien in neuen Situationen verfügbar zu haben, um sich auf veränderte Rahmenbedingungen einstellen zu können. Flexibilität ist u.a. gekennzeichnet durch eine schnelle Wahrnehmung veränderter Rahmenbedingungen und durch die Fähigkeit der schnellen Modifikation ursprünglicher Pläne zur Zielerreichung (Wübbelmann, 2001). Lernen bezeichnet die mittel- bzw. langfristige Anpassung an sich veränderte Rahmenbedingungen. Auf der Verhaltensebene ist das Lernen von Managern gekennzeichnet durch die Nutzung unterschiedlicher Möglichkeiten der Information und Kommunikation, der aktiven Aufnahme neuer Ideen oder auch des selbstständigen Einholens von kritischem Feedback (Wübbelmann, 2001).

Zudem sollte auch hinterfragt werden, welche Motivation eine Führungskraft für Ihre Position mitbringt. Lässt sich die Motivation dadurch erklären, dass die Person ihre Tätigkeit aus eigenem Interesse und Freude ausübt (intrinsische

Motivation) oder spielen äußere Einflüsse wie Belohnungssysteme die ausschlaggebende Rolle (extrinsische Motivation)? Zwar bedeutet extrinsische Motivation keinen Nachteil für die Leistungsfähigkeit (vgl. Aronson et al., 2008), allerdings müssen Belohnungen von außen regelmäßig verändert und angepasst werden um die Motivation aufrecht zu erhalten. Eine hohe intrinsische Motivation ist zudem förderlich für die persönliche Entwicklung, Aufgabenbearbeitung sowie für soziale Beziehungen (Lackner, 2012).

3.1.3 Kriterien aus der Führungspraxis

Manager müssen für eine erfolgreiche Arbeit zahlreiche Kompetenzen besitzen. Diese Kompetenzen lassen sich gut für einen Vergleich verschiedener Managementdiagnostik-Methoden verwenden. Denn wie oben erwähnt, sind Kompetenzen einer der Grundpfeiler der Managementdiagnostik (vgl. Abschnitt *2.1 Managementdiagnostik*).

Für den Vergleich soll folgendes Kompetenzmodell aufgestellt werden: Als Oberbegriffe lassen sich diese drei Schlüsselkompetenzen herleiten: *Persönliche Kompetenz, Aufgabenkompetenz* sowie *Soziale Kompetenz.* Tabelle 1 stellt die Schlüsselkompetenzen mit ihren Unterbegriffen dar:

Persönliche Kompetenz	Aufgabenkompetenz	Soziale Kompetenz
Selbstreflexion Flexibilität und Lernkompetenz Persönliche Werte Eigenmotivation	Unternehmerische und strategische Kompetenz Problemlösen und Entscheiden Fachinteresse und Fachwissen Methodenkompetenz	Kommunikation Motivation und Wertschätzung Diversity Management und Interkulturelle Kompetenz Kooperation und Konfliktlösefähigkeit

Tabelle 1: Kompetenzen als Kriterien für die Analyse
(Eigene Darstellung; enthält Elemente aus Wübbelmann, 2001 und Mücke, 2005 mit eigenen Ergänzungen).

Das Kompetenzmodell sollte allerdings nur als exemplarisch betrachtet werden. Jedes Unternehmen und jede Position erfordern individuelle Kompetenzen, die in dieser Arbeit unmöglich berücksichtigt werden können. Über Art und Umfang dieser Aufzählung lässt sich daher streiten. Eine ausführliche Darstellung dieses Kompetenzmodells befindet sich in Anhang A.

Im nächsten Abschnitt sollen für die weitere Kriterien-Zusammenstellung Ansätze aus der Organisationskultur näher beleuchtet werden.

3.2 Passung zur Organisationskultur

3.2.1 Kulturmodell nach Edgar Schein

Schein (2010; S. 18) definiert Organisationskultur als *„pattern of share basic assumptions learned by a group as it solved it problems of external adaption and internal integration, which has worked well enough to be considered valid and, therefore, to be taught to new members as the correct way to perceive, think, and feel in relation to those problems."* Zur Unternehmenskultur zählen gemeinsame Traditionen, Geschichten, Sprache, Rituale, Normen, Standards und Werte.

Nach Schein kann die Kultur einer Organisation auf drei Ebenen analysiert werden. Die oberste Ebene bilden die Artefakte (*Artifacts*). Hierbei handelt es sich um alle sichtbaren und fühlbaren Strukturen einer Organisation (zum Beispiel Sprache, Arbeitskleidung, die Produkte eines Unternehmens, Mythen und Geschichten über die Organisation oder beobachtbare Rituale und Zeremonien). Auf der Ebene darunter finden sich die bekundeten Werte (*Espoused Beliefs and Values*). Werte sind dabei überindividuelle Präferenzen die festlegen, was einer Gruppe wichtig ist und als gut eingeschätzt wird (Nerdinger, 2014a). Diese Werte sind nur teilweise beobachtbar und größtenteils unbewusst. Hierzu gehören zum Beispiel ungeschriebene Verhaltensrichtlinien oder Verbote sowie Wertvorstellungen des Unternehmens oder das Leitbild der Organisation (Vahs, 2012). Auf der untersten Ebene befinden sich die Grundannahmen (*Basic Underlying Assumptions*). Diese Ebene ist für Außenstehende unsichtbar. Grundannahmen sind unbewusste, als selbstverständlich angenommen Werte. Sie werden nicht hinterfragt und sind innerhalb der Organisation unumstritten und sind daher nur sehr schwer zu ändern (Schein, 2010). Grundannahmen haben sich oft über lange Zeiträume entwickelt und bilden einen Kulturkern, der die beiden höheren Ebenen der Kultur prägt (Vahs, 2012).

3.2.2 Passung als Erfolgsvoraussetzung

Durch die geteilten Grundwerte werden relativ person- und situationsunabhängige Wahrnehmungs-, Denk-, Erlebens-, und Handlungsbereitschaften hergestellt, auf denen alle nachfolgenden Führungsakte basieren. Personen, die in einer bestimmten Organisationskultur wegen mangelnder Passung auf Ablehnung stoßen, können für diese Kultur eine große Belastung sein. Daher ist die Passung zur Organisationskultur auch für Managementdiagnostik von Bedeutung (Neuberger, 1995). Denn Kultur äußert sich wie oben beschrieben durch Sprache, Verhaltensregulierung und Artefakte, die aber nicht automatisch leicht zu deuten sind. Eine Führungskraft muss in der Lage sein, diese Eigenheiten zu „dechiffrieren" (Neuberger, 1995).

Die moderne Managementdiagnostik legt den Fokus auf die Umfeldeignung und prüft, inwieweit Führungskraft und eine Führungsposition zusammenpassen (Mücke, 2005; S. 6). Hierbei spielt das Führungsverständnis der Organisation, die Unternehmenskultur und die Anforderungen die an den zukünftigen Positionsinhaber gestellt werden, eine Rolle (Mücke, 2005). Für Unternehmen von hoher Bedeutung ist dabei vor allem die Passung zwischen den Werten der Führungskraft und den Grundsätzen des Unternehmens (Wübbelmann, 2001). Eine hohe Passung zwischen Führungskräften und der Organisation hat einige positive Effekte, wie z.B. größere Arbeitszufriedenheit, höheres Engagement und größere Arbeitsmotivation sowie geringerer empfundener arbeitsbezogener Stress. Allerdings muss auch erwähnt werden, dass es auch weniger positive Aspekte einer zu hohen Passung zu geben scheint (vgl. Wübbelmann, 2001). So besteht die Gefahr der Lähmung und Innovationsschwäche sowie der Verschließung gegenüber anderen Sichtweisen und Ideen. Somit kann eine Unfähigkeit zum Zurechtkommen in veränderten Umgebungen entstehen. Führungskräfte sollten daher nach Wübbelmann (2001) auch bei hoher Übereinstimmung der eigenen Werte mit den Werten der Organisation in der Lage sein, diese Werte kritisch zu hinterfragen.

3.3 Wissenschaftliche Ansätze

Damit Managementdiagnostik funktionieren kann und nicht auf reinen „Bauchentscheidungen" basiert, gibt es einige Anforderungen an die Methoden, die erfüllt sein müssen. Daher müssen Personen, welche Managementdiagnostik betreiben, über Kenntnisse der psychologischen Diagnostik, Persönlichkeitsmodelle, Testtheorien und Prozesse der Urteilsbildung verfügen (Mücke, 2005).

3.3.1 Psychologische Diagnostik im Unternehmen

Das Ziel der Diagnostik muss es sein, die Leistungsfähigkeit der Organisation durch eine gezielte Auswahl der Führungskräfte merklich zu verbessern (Wottawa & Hossip, 1997). Diese Verbesserung der Leistungsfähigkeit muss stärker gewichtet werden als nicht-leistungsbezogene Interessen (wie zum Beispiel das Interesse des Unternehmers, dass sein Erbe die Nachfolge antritt, weil es schon immer Tradition im Unternehmen war, ungeachtet der Eignung des Erben für diese Position). Wottawa & Hossip (1997; S. 67) nennen drei Aspekte die Führungsdiagnostik leisten muss:

1. Die Feststellung der Leistungsfähigkeit einer Führungskraft.

2. Die Passung der Führungskraft zur Unternehmenskultur und zu den Zielvorstellungen der Entscheidungsträger (vgl. Abschnitt 3.2.2).

3. Die Abschätzung der Fähigkeit zu einer höheren Führungsposition (Potenzialanalyse).

Die Voraussetzung einer Diagnose ist stets eine sehr genaue Analyse der konkreten Anforderungen an die Führungskraft und die Erstellung eines Anforderungsprofils (vgl. Wottawa & Hossip, 1997).

3.3.2 Die Auswahl der geeigneten Instrumente

Die Wahl der Instrumente gilt es auf das abzustimmen, was es zu messen gilt (Lackner, 2012). Potenziale, Kompetenzen und Performance lassen sich nicht mit denselben Instrumenten messen. Wie Abbildung 2 zeigt, eignen sich für konkrete Fragestellungen jeweils andere Messinstrumente.

Die Auswahl der Instrumente hängt auch von den diagnostischen Gütekriterien ab (Schmidt-Atzert & Amelang, 2012): Validität, Reliabilität und Objektivität. Die *Validität* (Gültigkeit) gibt Auskunft darüber, ob das gewünschte Merkmal tatsächlich gemessen wird. Die *Reliabilität* (Messgenauigkeit) beschreibt die Genauigkeit, mit der ein Verfahren ein Merkmal erfasst und *Objektivität* bedeutet, dass die Ergebnisse des Verfahrens unabhängig dadurch entstanden sind, wer die Untersuchung durchgeführt hat. Validität und Reliabilität werden durch Kennzahlen ausgedrückt. Die Objektivität dagegen wird nicht numerisch bestimmt (Schmidt-Atzert & Amelang, 2012). Bei ihr handelt es sich in der Regel um Maßnahmen zur Standardisierung von Durchführung, Auswertung und Interpretation der Verfahren und deren Ergebnisse.

Weitere wichtige Kriterien bei der Auswahl der Diagnoseinstrumente stellen die Akzeptanz und die Zumutbarkeit der Methode für den Teilnehmer dar. In der Eignungsdiagnostik spricht man auch von der sozialen Validität (vgl. Blickle, 2014). Manager der höheren Führungsebenen würden ein Gruppen-Assessment-Center sicher weniger akzeptieren als ein Einzel-Assessment. Außerdem sollte darauf geachtet werden, ob die Methoden für den Teilnehmer psychisch, körperlich und zeitlich zumutbar sind. In den letzten Jahren haben sowohl die zeitliche als auch die körperliche Beanspruchung durch die zum Einsatz kommenden Verfahren der Teilnehmer abgenommen. Die psychische Belastung dagegen ist leicht gestiegen (Lackner, 2012). Hierbei gilt es aus ethischen Gründen darauf zu achten, dass die Grenzen der zumutbaren psychischen Belastung nicht überschritten werden.

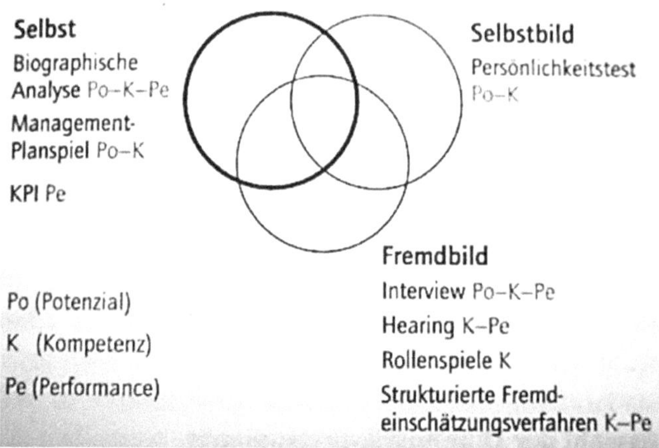

Abbildung 2: Die Instrumente der Managementdiagnostik und ihr Einsatz für die Messebenen
(aus: Lackner, 2012; S. 97)

3.3.3 Multimethodalität

Merkmale beruflicher Eignung sollten nicht nur mit einer Methode ermittelt werden (Sarges, 2005). Stattdessen sollte man sie mit dem Prinzip der Multimethodalität erfassen. Schuler unterscheidet dazu drei grundsätzliche methodische Ansätze: den Eigenschaftsansatz, den Verhaltensansatz und den Ergebnisansatz (vgl. Schuler & Höft, 2001 und Sarges, 2005).

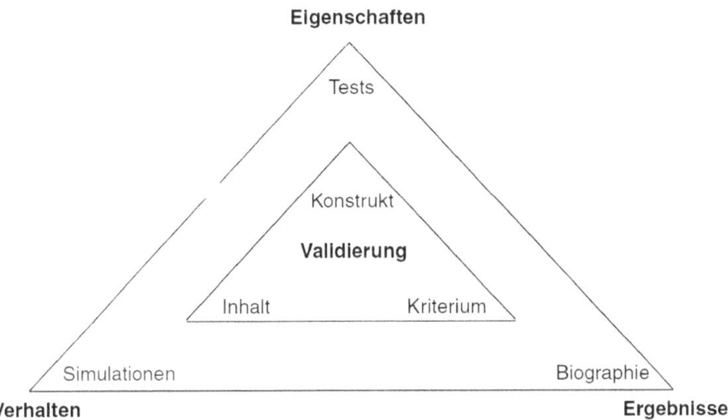

Abbildung 3: Die drei Ansätze der Eignungsdiagnostik
(nach: Schuler & Höft, 2001; S. 95)

Mit dem Eigenschaftsansatz werden Merkmale erfasst, die als relativ stabil angenommen werden, wie zum Beispiel die Gewissenhaftigkeit oder die sprachgebundene Intelligenz. Typische Messverfahren sind dabei psychologische Tests. Mit dem Verhaltensansatz wird das Verhalten erfasst, welches in ähnlicher Form am Arbeitsplatz eingefordert wird. Als typisches Instrument zur Erfassung dient hierbei zum Beispiel die Arbeitsprobe (Schuler & Höft, 2001). Der Ergebnisansatz wird mithilfe von biographischen Fragen erfasst, zum Beispiel über einen Fragebogen oder ein Interview. Dieser Ansatz folgt der Prämisse, dass zukünftiges Arbeitsverhalten und Berufserfolg aus vergangenem Verhalten und Erfahrungen prognostiziert werden kann (Mücke, 2005).

3.3.4 Grenzen der Diagnostik

Die menschliche Wahrnehmung ist Fehlern gegenüber anfällig. Je nachdem welche Methode zum Einsatz kommt, können verschiedene Arten von Beurteilungsfehlern bzw. -verzerrungen sowie ungewollte Einflussnahmen zwischen Beobachtern und Kandidaten entstehen (vgl. Lang-von Wins et al., 2008). Während Beobachter zum Beispiel mit Vorurteilen über die Kandidaten in die Beurteilung gehen oder sich von einzelnen Facetten blenden lassen könnten, bemühen sich die Kandidaten oft um eine möglichst positive Selbstdarstellung und verstellen ihr Verhalten dementsprechend. Um die Objektivität zu erhöhen sollten die Beurteiler daher im Vorfeld durch Schulungen auf ihre Beobachterrolle vorbereitet werden. Aufgaben, Tests und Interviewfragen in den Methoden sollten möglichst so aufgebaut sein, dass sie den Kandidaten möglichst wenig Spielraum geben, sich zu verstellen (Lang-von Wins et al., 2008).

Ein Instrument kann nur dann valide Aussagen über den künftigen Erfolg einer Führungskraft im Unternehmen treffen, wenn Übungen, Fragen in Fragebögen und Interviews etc. direkt aus den Anforderungen (Anforderungsprofil) und Leitbildern des Interviews abgeleitet werden (Lang-von Wins et al., 2008).

Bei Tests sollte generell darauf geachtet werden, dass sie auf wissenschaftlich fundierten Modellen basieren (Kanning, 2015). Viele Unternehmens- und Personalberatungen setzen Persönlichkeits- oder Leistungstests ein, über deren Validität und Reliabilität oft nichts bekannt ist. Ob diese Tests dann tatsächlich halten was sie versprechen kann meist unmöglich überprüft werden. Daher sollten sich Personalverantwortliche im Vorfeld genauer mit den Tests auseinandersetzen und überprüfen ob Studien und Gütekriterien vorliegen bzw. ob das dem Test zugrundeliegende Modell in sich schlüssig ist. Zu beachten sind auch rechtliche Grundlagen. Verfahren die mehr erfassen als nur die beruflichen Anforderungen sind aus gesetzlicher Sicht evtl. nicht zulässig (Maties & Wottawa, 2011). Die Managementdiagnostik sollte daher stets von Psychologen begleitet werden.

3.3.5 Kriterien aus wissenschaftlichen Ansätzen

Aus den wissenschaftlichen Kriterien ergibt sich zum einen der *Einsatzzweck* (Für welche Fragestellungen eignet sich das Instrument?) und die *Akzeptanz* (bei welcher Zielgruppe kann die Methode bedenkenlos eingesetzt werden, bei welcher wird sie auf Ablehnung stoßen?). Drittes Kriterium ist die *Multimethodalität* (Inwiefern vereint eine Methode die verschiedenen Ansätze?). Letztes Kriterium stellt die *Grenzen einer Methode* dar. Hier soll dargestellt werden, auf welche Schwierigkeiten man beim Einsatz dieser Methode stoßen kann.

3.4 Weitere wichtige Aspekte für den Vergleich

Ein wichtiges Kriterium für die Auswahl einer geeigneten Methode stellt außerdem die Zielgruppe dar. Mit Zielgruppe ist hierbei gemeint, für welche Management-Position welche Methode angebracht ist. Für Führungskräfte mit jahrelanger Führungserfahrung werden meist andere Instrumente verwendet als für potenzielle Führungskräfte die keine oder nur sehr wenig Führungserfahrung besitzen.

Des Weiteren ist es interessant zu erfahren, welche Instrumente in den einzelnen Methoden üblicherweise eingesetzt werden. Das ist vor allem im Hinblick auf die oben erwähnte Multimethodalität wichtig. In einem Assessment Center kann der Schwerpunkt auf ganz anderen Messmethoden liegen (z.B. Präsentationen, Fallstudien etc.) als in einem Management Audit (wo der Schwerpunkt beispielsweise auf einem Interview liegt).

Auch die Schwächen bzw. Grenzen einer Methode sollten in der Analyse Beachtung finden. Oft beeinträchtigen zum Beispiel bestimmte Situationen oder die Wahrnehmung des Menschen (Beurteilungsfehler) die Wirksamkeit einer Methode.

Weitere Kriterien für die Methodenwahl können in der Natur des jeweiligen Unternehmens liegen. Lackner (2012; S. 98ff) schlägt hierfür folgende Kriterien vor: Ökonomie (Aufwand und Nutzen), Transparenz (ist der Ablauf des Verfahrens für alle Beteiligten nachvollziehbar?), Verbindlichkeit (Welches Gewicht haben die Ergebnisse des Verfahrens bei der Entscheidung?) sowie Kulturarbeit (Gibt es Kulturthemen, die bearbeitet werden sollen?). Diese Kriterien sind aber z.T. sehr Unternehmensspezifisch. Wenn möglich, wird in der Analyse auf einzelne dieser Kriterien eingegangen, ein eigenes Kriterium werden sie hierbei aber nicht darstellen.

3.5 Zusammenfassung: Die Kriterien für den Vergleich

Im ersten Schritt wurde aus den Anforderungen aus der Führungspraxis ein Kompetenzmodell abgeleitet, welches den zweiten Baustein der Kriterien darstellt. *Persönliche Kompetenz*, *Soziale Kompetenz* und *Aufgabenkompetenz* stellen die nächsten Kriterien dar, in der Analyse soll darauf eingegangen werden, inwiefern die Methoden bei der Erfassung der zehn dazugehörigen Kompetenzen (siehe Tabelle 1) dienlich sind.

Das nächste Kriterium stellt die *Passung zur Organisationskultur* dar. Inwiefern kann eine Methode dazu beitragen festzustellen, ob eine Person die Kultur und deren Vorstellungen verstanden hat und zu diesen passt.

Aus den wissenschaftlichen Anforderungen ergeben sich der *Einsatzzweck* und die *Multimethodalität* (werden Merkmale durch mehrere Methoden erfasst?) sowie die der *Akzeptanz* der Verfahren durch die Teilnehmer (auch als soziale Validität bezeichnet). Dazu kommen noch die *Grenzen einer Methode*. Auf die diagnostischen Gütekriterien Validität, Reliabilität und Objektivität wird in der

Analyse an verschiedenen Stellen eingegangen, so dass es keinem eigenen Kriterium bedarf.

Zudem sollen in der Analyse auch noch die Kriterien *Zielgruppe* und welche *Instrumente* innerhalb der Methode zum Einsatz kommen verwendet werden. Zuletzt soll auch auf die *Grenzen* einer Methode eingegangen werden.

Tabelle 2 stellt die Kriterien noch einmal in ihrer (in der Analyse eingesetzten) Reihenfolge übersichtlich dar:

Kriterium	Beschreibung
Einsatzzweck	Eignet sich die Methode zur Erfassung der Kompetenzen, Potenziale oder Performance?
Zielgruppe	Personen ohne Führungserfahrung, unteres, mittleres oder Top-Management
Kompetenzen	Inwiefern eignet sich die Methode zur Erfassung der Persönlichen, Sozialen oder Aufgaben-kompetenz
Passung zur Organisationskultur	Inwiefern eignet sich die Methode zur Erfassung der Werte der Führungskraft und ihrer Einordnung in die Werte der Organisationskultur
Instrumente	Welche Instrumente kommen bei dieser Methode üblicherweise zum Einsatz?
Multimethodalität	Inwiefern orientiert sich die Methode am Grundsatz der Multimethodalität?
Akzeptanz	Inwiefern wird die Methode von den einzelnen Zielgruppen im Allgemeinen akzeptiert?
Grenzen der Methode	Was sind die Nachteile dieser Methode bzw. wo stößt sie an ihre Grenzen?

Tabelle 2: Zusammenfassung der Kriterien

(eigene Darstellung)

4 Analyse der Managementdiagnostik-Methoden

In diesem Abschnitt erfolgt nun die Analyse der einzelnen Methoden anhand der zuvor aufgestellten Kriterien. Dabei soll zuerst die jeweilige Methode beschrieben werden, anschließend erfolgt schrittweise die Analyse anhand der Kriterien. Analysiert werden nur Methoden die sowohl in der Praxis als auch in der neueren Fachliteratur eine Rolle spielen und sich über die Zeit hinweg bewährt haben.

4.1 Assessment Center

4.1.1 Beschreibung der Methode

Ein Assessment Center (AC) ist „(…) eine systematische und für den jeweiligen Einsatz maßgeschneiderte Verfahrenstechnik, in der (…) simultan mehrere Teilnehmer von mehreren Beobachtern hinsichtlich mehrerer definierter Anforderungen beurteilt [werden]" (Höft & Funke, 2001; S. 150f). Dabei kommen Rollenübungen und Fallstudien zum Einsatz, die für bestehende oder zukünftige Arbeitssituationen und Aufgabenfelder charakteristisch sind (Obermann, 2006). Zwar sind klassische ACs meist für mehrere Teilnehmer ausgelegt, allerdings sind auch Einzel-Assessments für nur einen Teilnehmer üblich (vgl. Obermann, 2006). Nach Schmidt-Atzert & Amelang (2012; S. 463f) gibt es für das AC fünf grundlegende Prinzipien:

- **Anforderungsbezug:** Es werden Merkmale oder Verhaltensweisen erfasst, die für mögliche künftige Aufgaben relevant sind.

- **Simulation:** Die Übungen und Fallstudien werden so konzipiert, dass sie dem später erwarteten Arbeitsverhalten möglichst ähnlich sind.

- **Methodenvielfalt:** Jedes Anforderungsmerkmal wird in verschiedenen Übungen oder Fallstudien erfasst.

- **Einsatz mehrerer Beobachter:** Jeder Teilnehmer wird von mehreren Personen beobachtet oder beurteilt.

- **Transparenz:** Die Teilnehmer werden zu Beginn des AC über Übungen und die Anforderungskriterien informiert.

4.1.2 Analyse der Methode

Einsatzzweck: Assessment Center werden meist eingesetzt um die Eignung von Bewerbern festzustellen. Dabei werden mithilfe verschiedener Methoden die vorhandenen Kompetenzen erfasst. Im Rahmen von Potenzialanalysen werden

ACs eingesetzt um die Stärken und Schwächen von bereits eingestelltem Personal zu analysieren (Schmidt-Atzert & Amelang, 2012). Auch lassen sich zum Beispiel über Fallstudien oder Rollenspiele Aufgaben und Situationen testen, die für den Teilnehmer noch unbekannt sind. Hierbei liefert das AC Hinweise über den Entwicklungsbedarf und auf die zukünftigen Einsatzbereiche der Person.

Zielgruppe: Die AC-Methode lässt sich über alle Zielgruppen hinweg anwenden. Bei der Frage ob ein „klassisches" Gruppen-AC oder ein Einzel-Assessment zum Einsatz kommen soll, muss folgendes berücksichtigt werden: Gerade bei sehr erfahrenen Managern, die sich bereits auf den höchsten Positionen in einer Organisation befinden stößt ein Gruppen-AC auf wenig Verständnis (vgl. Spörli & Schmid, 2006). Hierbei sind aus Gründen der Diskretion Einzel-ACs üblich. Bei potenziellen Führungskräften oder bei Führungskräften der unteren Hierarchieebenen kommen meist (auch aus ökonomischen Gründen) Gruppen-ACs zum Einsatz.

Kompetenzen: In der Praxis enthalten Assessment Center üblicherweise Instrumente mit verhaltensbezogenen und arbeitsprobenähnlichen Aufgaben (Sarges, 2009). Daher scheint eine Erhebung der Selbstkompetenzen auf den ersten Blick ungewöhnlich. Dabei können *Selbstreflexion* und *Persönliche Werte* in einem Interview oder einer Selbstpräsentation erhoben werden. Hierbei könnten die Teilnehmer beispielsweise eine Präsentation über ihre Führungsgrundsätze halten. *Flexibilität und Lernkompetenz* können zum Beispiel in einer Fallstudie getestet werden. Hierbei werden die Teilnehmer mit einer Aufgabe konfrontiert, die eine neue und unbekannte Situation für sie darstellt (die aber für die von ihnen angestrebte höhere Führungsposition typisch ist). Des Weiteren könnten auch Persönlichkeits- oder Leistungstests zum Einsatz kommen.

Für den Bereich Aufgabenkompetenz ist das Assessment Center ideal. Die Kompetenzbereiche *unternehmerische und strategische Kompetenz* und *Problemlösen und Entscheiden sowie Methodenkompetenz* können mithilfe von Fallstudien und Postkorbübungen erfasst werden, wobei der Fokus im Top-Management eher auf der Fallstudie liegen sollte. Eine Fallstudie erfordert von den Teilnehmern meist eine genaue Analyse von umfangreichen und komplexen Informationen. Dabei müssen sie konkrete Entscheidungen treffen oder Lösungsalternativen entwickeln (Rohrschneider et al., 2010). Hierbei wird gleichzeitig oft auch fachliches Wissen abgefragt (zum Beispiel in Form von betriebswirtschaftlichen Kennzahlen). Bei Postkorbübungen müssen die Teilnehmer ebenfalls teils komplexe Informationen analysieren und diese nach

Wichtigkeit zuordnen. Dabei müssen Prioritäten, Abhängigkeiten und Vernetzungen erkannt und beachtet werden (Rohrschneider et al., 2010). Sowohl Fallstudie als auch Postkorb eignen sich daher für die Beobachtung der analytischen Fähigkeiten, dem Denken in größeren Zusammenhängen, dem komplexen Problemlösen sowie der Fähigkeit Entscheidungen zu treffen. Auch die Methodenkompetenz lässt sich damit teilweise (je nach Aufgabenstellung) beobachten. Die Kompetenzen *Fachinteresse und Fachwissen* können über ein Interview erhoben werden. Möglich ist auch eine Präsentation über ein bestimmtes Fachgebiet oder Fallstudien, die fachspezifische Themen beinhalten.

Auch der Kompetenzbereich Soziale Kompetenz lässt sich mithilfe der Instrumente des Assessment Centers sehr gut erfassen. Die *Kommunikation*sfähigkeiten des Teilnehmers lassen sich mithilfe Präsentationen, Rollenspielen oder (in Gruppen-ACs) mit einer Gruppendiskussion erfassen. Präsentationen können zum Beispiel dafür herangezogen werden, wenn es um die Selbstdarstellung des Teilnehmers, die Überzeugungskraft und die Redegewandtheit vor Publikum geht. In einem Rollenspiel, welches eine Gesprächssituation simuliert können zusätzlich die zwischenmenschliche Kommunikation und die Konfliktlösekompetenz des Teilnehmers beobachtet werden. Bei einer Gruppendiskussion kommen noch die Argumentationsfähigkeit, das Durchsetzungsvermögen und die Kooperationsfähigkeiten dazu (vgl. Rohrschneider et al., 2010). Auch die Kompetenzen *Motivation und Wertschätzung* können über ein Rollenspiel erfasst werden. Der *Interkulturellen Kompetenz* kann man sich mit zahlreichen Übungen annähern. So können Sprachkenntnisse zum Beispiel mit einer fremdsprachigen Präsentation beobachtet werden. Ebenso können Rollenspiele, Interviews, Fallstudien oder (im Gruppen-AC) auch eine Gruppendiskussion in einer Fremdsprache durchgeführt werden. Das Verständnis im Umgang mit fremden Kulturen und mit Menschen aus anderen Kulturkreisen könnte mit einer Fallstudie oder in einem Interview überprüft werden.

Passung zur Organisationskultur: Ob die Wertvorstellungen und Führungsprinzipien einer Person mit denen einer Person zusammenpassen, lässt sich innerhalb der AC-Methode beispielsweise mit einem Interview überprüfen. Dieses muss aber so gestaltet sein, dass der Teilnehmer in der Lage sein kann, seine Motive und Wertvorstellungen so offenzulegen, dass ein Abgleich mit den Werten der Organisation möglich ist. Dazu müssen sich die Verantwortlichen auch die Frage stellen, ob der Umfang eines Interviews (als Bestandteil einer AC-

Übung) dazu ausreichend ist oder ob es dafür nicht geeignetere Methoden gibt. Daneben können auch zum Beispiel Fallstudien oder Rollenspiele so konzipiert sein, dass es möglich ist zu beobachten, ob Lösungsvorschläge oder Konfliktlösungen mit den Werten der Organisation übereinstimmen. Eine weitere Möglichkeit zur Überprüfung der Passung stellen psychologische Tests dar.

Instrumente: Die Instrumente die bei einem AC zum Einsatz sind sehr vielfältig. In Tabelle 3 werden die häufigsten Instrumente kurz erläutert:

Präsentation	Der Teilnehmer stellt sich nach kurzer Vorbereitungszeit den Beobachtern und den anderen Teilnehmern in einer kurzen Selbstpräsentation vor. Häufig wird das Instrument auch dazu verwendet, dass die Teilnehmer ihre Ergebnisse einer zuvor bearbeiteten Fallstudie den Beobachtern in einer kleinen Präsentation darstellen.
Rollenspiel	Hier werden meist Situationen nachgespielt, die echten Situationen in der konkreten Tätigkeit ähnlich sind (z.B. Konfliktgespräch, Verhandlung etc.). Meist nimmt ein Beobachter die Rolle des Gesprächspartners ein (bzgl. Standardisierung).
Fallstudie	Der Teilnehmer bearbeitet eine konkrete Aufgabe (allein oder im Team). Dazu erhält er umfangreiches Informationsmaterial.
Interview	Meist (Halb-) Strukturiertes Interview ähnlich einem Vorstellungsgespräch.
Gruppen-diskussion	Die Teilnehmer diskutieren über ein vorgegebenes Thema. Meist müssen sie dazu bestimmte Rollen übernehmen. Ziel ist es, eine gemeinsame Lösung zu finden.
Postkorb	Die Teilnehmer müssen unter Zeitdruck Entscheidungen treffen. Sie werden dabei in der Rolle als Mitarbeiter oder Führungskraft mit einer Fülle an Briefen, E-Mails und Geschäftsberichten konfrontiert.

Tabelle 3: Häufig eingesetzte Instrumente im AC
(Aus: Schmidt-Atzert & Amelang, 2012; S. 465).

Multimethodalität: Die häufig eingesetzten Instrumente im Assessment Center sind meist simulationsorientierte Verfahren (vgl. Höft & Funke, 2001 und Sarges, 2009). Sie entsprechen dem Verhaltensansatz. Aber auch die Eigenschafts- und Ergebnisorientierten Ansätze finden sich im AC. So kann man die Übungen beispielsweise mit einem Intelligenztest oder einem anderen Testverfahren ergänzen und das Interview lässt biographische Fragen zu.

Akzeptanz: Vor allem bei Managern mit langjähriger Organisationszugehörigkeit und damit auch jahrelanger Managementerfahrung könnte diese Methode auf

Ablehnung stoßen (vgl. Spörli & Schmid, 2006). Häufig wird das Argument entgegengebracht, dass die Vorgesetzten dieser Manager diese besser kennen und deren Fähigkeiten besser einschätzen können, als ein AC dies leisten könnte. Die Akzeptanz bei jüngeren Teilnehmern (bzw. bei Teilnehmern der unteren Führungsebenen) ist das Verfahren mittlerweile akzeptierter, da ACs heutzutage häufig bei Eignungsverfahren eingesetzt werden.

Grenzen der Methode: Wie bei jeder anderen Methode auch, sind die Beobachter zahlreichen Urteilsverzerrungen unterworfen (vgl. Abschnitt 3.3.4). So ist in der Praxis häufig zu beobachten, dass sich einzelne Beobachter zum Beispiel willkürlich bestimmte Kriterien herausgreifen, ihr Urteil verfrüht aufgrund erster Eindrücke und vorhandener Stereotype bilden oder teilweise ihre eigenen Befindlichkeiten auf die Teilnehmer projizieren (vgl. Obermann, 2006). Auch besteht die Gefahr, wenn ein Beobachter bereits im Vorfeld (negative) Informationen über den Teilnehmer in Erfahrung bringen konnte, dass der Beobachter bereits mit einer gefestigten (negativen) Meinung über den Kandidaten in die Beobachtung geht.

Man muss auch beachten, dass die AC-Situation für die Teilnehmer ein großes Stressempfinden darstellen kann. Die Situation in einem AC ist daher nicht mit einer realen Berufssituation zu vergleichen, auch wenn sich die Aufgaben sehr nah an realen Aufgabenstellungen orientieren. Häufig wird ACs daher auch vorgeworfen, eher introvertierte Teilnehmer zu benachteiligen, da diese in sehr Kommunikationsstarken Übungen (z.B. in der Gruppendiskussion) von extravertierten Teilnehmern dominiert werden (vgl. Rohrschneider et al., 2010). Daher sollte auf eine ausgewogene Aufgabenstellung geachtet werden, damit auch ruhigere Kandidaten die Möglichkeit haben, ihre Kompetenzen und Potenziale unter Beweis zu stellen. Gerade in situativen Übungen zeigen Untersuchungen, dass die Teilnehmer oft Hypothesen darüber aufstellen, was der Zweck der Übung ist und nach welchen Kriterien sie beurteilt werden. Dementsprechend bemühen sich die Kandidaten daher um eine möglichst gute Selbstdarstellung entsprechend der angenommenen Kriterien (Wübbelmann, 2001).

Es muss auch die Frage zulässig sein, ob die Methoden tatsächlich realitätsnah Arbeitssituationen simulieren können. Man sollte nicht außer Acht lassen, dass eine Gesprächssituation in einem Rollenspiel innerhalb eines Assessment Centers eine völlig andere Situation darstellt als beispielsweise ein echtes Konfliktgespräch zwischen einer Führungskraft und ihren Mitarbeitern. Hierbei sollte man sich daher bei der Beurteilung nicht nur auf die Ergebnisse des ACs verlassen. Es wäre ratsam für manche Kompetenzbereiche, wenn möglich auch andere Beurteilungsquellen heranzuziehen (zum Beispiel mittels einer 360-Grad-Beurteilung).

Eine weitere Gefahr besteht auch darin, dass durch Einflüsse der Gruppendynamik zwischen den Beobachtern und den Kandidaten unerwünschte subjektive Einflüsse entstehen (Obermann, 2006).

Natürlich lassen sich diese Verzerrungen niemals vollständig eliminieren. Durch einen hohen Standardisierungsgrad der Aufgaben und geschulten Beobachterteams lassen sie sich zumindest in einem erträglichen Rahmen minimieren. Es ist auch empfehlenswert, dass sich die Beobachter aus internen und externen Personen zusammensetzen. So könnte sich zum Beispiel ein Dreierteam aus einer höheren Führungskraft und einem Mitarbeiter aus der Personalabteilung zusammensetzen, die durch einen externen Psychologen ergänzt werden. Studien haben zudem gezeigt, dass bereits ein erfahrener Psychologe im Beobachterteam die Validität eines ACs steigen lässt (Obermann, 2006).

4.1.3 Fazit

Das Assessment Center eignet sich vor allem für die Messung von Aufgabenkompetenzen sowie zur Erfassung der kommunikativen Fähigkeiten und der interkulturellen Kompetenz. Die üblichen Instrumente eignen sich gut zur Simulation von realen Arbeitssituationen und damit auch zur Erfassung der dazu notwenigen Kompetenzen. Für valide Ergebnisse sind allerdings umfangreiche Vorkehrungen notwendig. So gilt es die Beobachter für ihre Beobachterrolle in Bezug auf Urteilsverzerrungen zu schulen und die einzelnen Instrumente zur besseren Vergleichbarkeit der Teilnehmer zu standardisieren. Zudem sollte möglichst noch ein externer Beobachter hinzugezogen werden. Außerdem sollte man berücksichtigen, dass die Übungen keine hundertprozentigen Abbilder realer Situationen darstellen können. Daher ist es ratsam noch andere Beurteilungsquellen (zum Beispiel aus vorherigen Leistungsbeurteilungen) heranzuziehen um ein vollständigeres Bild der Teilnehmer zu bekommen.

4.2 360 Grad-Feedback

4.2.1 Beschreibung der Methode

Beim 360-Grad-Feedback (auch Multi-Rater-Feedback genannt) handelt es sich um ein Verfahren, bei dem eine Person von ihren Vorgesetzten, Kollegen, Mitarbeitern, und sich selbst sowie manchmal auch von ihren Kunden und Lieferanten in Bezug auf ihr Verhalten, ihre Leistung und ihre Fähigkeiten beurteilt wird (Lepsinger & Lucia, 2009). Ziel des 360-Grad-Feedbacks ist ein umfassendes individuelles Feedback und die damit verbundene Verhaltenssteuerung (Marcus & Schuler, 2001). 360-Grad-Beurteilungen werden sowohl als eigenständige Verfahren, als auch zur Ergänzung anderer Methoden, wie zum Beispiel dem Assessment Center, verwendet (Sarges, 2006). Die Idee hinter der Methode ist, dass Führungskräfte den Großteil des Tages mit Kommunikation verbringen. Den Großteil davon mit ihren Mitarbeitern und Kollegen, mit ihren direkten Vorgesetzten verbringen sie nur einen kleinen Anteil des Arbeitstages. Daher ist es für die Vorgesetzten nicht einfach, eine Führungskraft möglichst objektiv zu bewerten (Lepsinger & Lucia, 2009). Daher werden beim 360-Grad-Feedback noch zusätzlich Beurteilungen von Kollegen, Mitarbeitern etc. herangezogen. Die Beurteilungen werden in der Regel schriftlich als Fragebogen oder verbal in einem Interview durchgeführt (Lepsinger & Lucia, 2009).

4.2.2 Analyse der Methode

Einsatzzweck: 360-Grad-Feedbacks sind ein beliebtes Instrument zur Leistungsbeurteilung (Scherm, 2005). Es dient dabei zur Erfassung der Performance und des vorhandenen Potenzials. Meist bildet das 360-Grad-Feedback die Ausgangslage für weitere Personalentwicklungsmaßnahmen und tiefergehende Potenzialanalysen.

Zielgruppe: Das 360-Grad-Feedback richtet sich an alle Zielgruppen. Der Fokus liegt aber eindeutig auf dem unteren und mittleren Management. Bei Top-Managern der höchsten Führungsebene ist der Einsatz begrenzt, da es in der Natur der Position liegt, dass keine noch höhere Führungskraft existiert, die eine Beurteilung abgeben könnte.

Kompetenzen: Einer der Vorteile des 360-Grad-Feedbacks ist es, dass die betroffene Person die Möglichkeit zur Selbsteinschätzung bekommt. Für die Selbstkompetenz, genauer für die *Selbstreflexion* eignet sich das Verfahren daher gut, da die Beurteilung von der Person selbst mit den Beurteilungen anderer Personen verglichen werden kann. Darüber hinaus bekommt die beurteilte Person auch eine Einschätzung ihrer Stärken und Schwächen aus Sicht ihrer Vorgesetzten, Kollegen und Mitarbeitern (vgl. Scherm, 2005). Die *Flexibilität und Lernkompetenz* lassen sich zum Beispiel über den Vergleich zu vergangenen Beurteilungen erfassen. Hierbei wird dann überprüft, ob in der Vergangenheit festgestellte Defizite ausgeglichen werden konnten, und ob festgelegte Ziele erreicht werden konnten.

Bei der Beurteilung der Aufgabenkompetenzen könnten sich die Feedbackgeber der zu beurteilenden Führungskraft beispielsweise an betriebswirtschaftlichen Kennzahlen orientieren – in Verbindung mit den subjektiven Einschätzungen und Beobachtungen aus dem Arbeitsalltag. Im Fokus könnte dabei stehen, ob die Führungskraft ihre eigenen Ziele und die des Unternehmens in einem bestimmten Zeitraum erreichen konnte. Wie leicht fällt es ihr, konkrete Entscheidungen zu treffen? Inwiefern konnte die Führungskraft, zum Beispiel in Meetings, eigene fachliche oder methodische Vorschläge einbringen? Aber auch Mitarbeiter, die meist näher an den fachlichen Themen sind, könnten das Fachwissen aufgrund ihrer Erfahrungen im täglichen Umgang mit der Führungskraft bewerten. Allerdings muss man hierbei immer berücksichtigen, dass jeder Beurteiler meist nur einzelne Facetten der Führungskraft kennengelernt hat. Wenn eine Führungskraft nun beispielsweise nicht in der Lage war, mehrere Ziele zu erfüllen, dann muss das nicht unbedingt an einer unzureichenden Aufgabenkompetenz liegen. Man muss dabei immer auch die situativen Umstände betrachten, denen die Führungskraft ausgesetzt war. Zur Messung der Aufgabenkompetenzen sollte das 360-Grad-Feedback daher eher ergänzend zu anderen Methoden angewandt werden, in denen der Beurteilte seine Kompetenzen auch praktisch unter Beweis stellen kann (z.B. in einem AC).

Als Feedback-Instrument für die sozialen Kompetenzen eignet sich das 360-Grad-Feedback wiederum sehr gut. Wie oben beschrieben, verbringen Führungskräfte den Großteil des Tages (je nach Studie oder Aufsatz zwischen 70 und 80 Prozent) mit Kommunikation. Sowohl Vorgesetzte, Kollegen und Mitarbeiter der Führungskraft können daher deren soziale Kompetenzen durch den täglichen Umgang sehr gut einschätzen. Formuliert die Führungskraft ihre Anliegen und Zielen klar für alle Beteiligten (*Kommunikation*)? Ist der Umgang mit den Mitarbeitern *wertschätzend* und *motivierend*? Wie schlägt sich die Führungskraft im Umgang mit Konflikten? Jeder Feedbackgeber hat die Führungskraft in zahlreichen Situationen erlebt und kann eine Beurteilung dazu abgeben.

Passung zur Organisationskultur: Mit einem 360-Grad-Feedback können auch Aussagen über die Passung getroffen werden. Der Feedbacknehmer hat dabei die Möglichkeit sein Selbstbild und Verständnis über die Organisation mit dem Fremdbild der Feedbackgeber zu reflektieren. Die Feedbackgeber können wiederum einschätzen, ob das Verhalten ihren Erwartungen bzw. den Erwartungen der Organisation entspricht. Um valide Aussagen über die Passung treffen zu können, müssen die Fragen des Feedbacks aus den Leitbildern des Unternehmens abgeleitet werden.

Instrumente: Die Durchführung der Methode erfolgt meist anhand von (schriftlichen oder computergestützten) Fragebögen oder Interviews (Lepsinger & Lucia, 2009). Fragebögen erfassen das Feedback dabei meist auf quantitativen Ratingskalen, welche bestimmte Verhaltensweisen oder Persönlichkeitsmerkmale der Führungskraft wiedergeben sollen. Neben geschlossenen Fragen sind auch offene Fragen üblich, mit denen die Befragten ein noch ausführlicheres Feedback geben können. Fragebögen die sowohl geschlossene als auch offene Fragen beinhalten, ermöglichen den Befragten näher auf die quantitativen Antworten einzugehen, die sie zuvor auf einer mehrstufigen Skala beantwortet haben (Lepsinger & Lucia, 2009). Interviews werden gewöhnlich als Einzelinterview geführt. Der große Vorteil dabei ist, dass der Interviewer bei zu einzelnen Aussagen des Befragten noch einmal nachfragen kann, allerdings besteht bei dieser Durchführung der Methode auch die Gefahr einer ungewollten Beeinflussung des Befragten durch den Interviewer (Lepsinger & Lucia, 2009).

Multimethodalität: Das 360-Grad-Feedback liegt dem Ergebnisansatz zugrunde. Meist wird das Verfahren aber auch ergänzend zu anderen Methoden angewendet. Daher schlägt Sarges (2005) das Prinzip der Multiperspektivität vor (vgl. Abbildung 4). Dabei wird das Dreieck von Schuler um weitere Dreiecke erweitert, welche aufzeigen, aus welchen Beurteiler-Quellen die Beurteilungen stammen. Das vordere Dreieck repräsentiert die drei Ansätze der Eignungsdiagnostik nach Schuler und zeigt aus welchen methodischen Quellen die Informationen stammen.

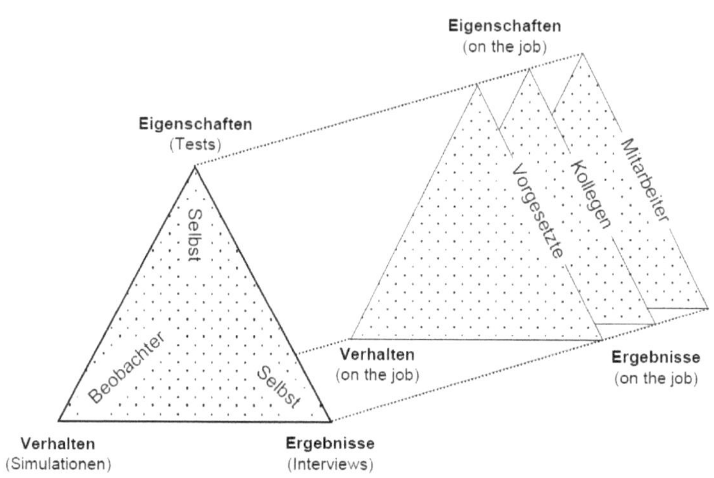

Abbildung 4: Ergänzung von Multimethodalität durch Multiperspektivität
(Aus: Sarges, 2005; S. 258).

Betrachtet man lediglich die drei Ansätze der Eignungsdiagnostik, so beziehen zwei der drei Ansätze (Tests und Interviews) ihre Daten aus der beurteilten Person selbst. Das Verhalten der Person dagegen wird von Beobachtern erfasst. Nimmt man die Beurteilungen weiterer berufsrelevanter Beobachter hinzu (mit Bezug zu wichtigen Verhaltensweisen, Eigenschaften und Ergebnisbereichen „on the job") zeichnet sich ein deutlich umfassenderes Bild des Beurteilten ab (Sarges, 2005).

Akzeptanz: Im Allgemeinen besteht die Gefahr, dass Führungskräfte von der Idee sich von ihren Mitarbeitern beurteilen zu lassen, wenig angetan sind. Bei der Akzeptanz des Verfahrens kommt es allerdings vor allem auf die Feedbackkultur des Unternehmens an. In Unternehmen mit einem hohen Wunsch nach Feedback stößt das 360-Grad-Feedback in der Regel auf eine sehr hohe Akzeptanz (vgl. Spriestersbach et al., 2009). In einem Unternehmen wo regelmäßige Feedbacks eher die Ausnahme sind. ist die Akzeptanz entsprechend niedrig.

Grenzen der Methode: Leistung kann im beruflichen Leben meist nicht nur durch die Ergebnisleistung festgemacht werden, auch Verhalten und Eigenschaften spielen eine wichtige Rolle. Diese Aspekte können jedoch nicht direkt beobachtet werden (Scherm & Süß, 2011). Deshalb sollten in der Managementdiagnostik zusätzlich zu einer 360-Grad-Beurteilung auch Eigenschafts- und Verhaltensorientierte Ansätze hinzugezogen werden.

Daneben ist das Verfahren wie auch das AC anfällig für Beurteilungsverzerrungen. So könnten Mitarbeiter und Kollegen bei unzureichender Anonymität gehemmt sein, korrekte Beurteilungen abzugeben und zu eher milden Urteilen tendieren. Aber auch bei ausreichender Anonymität besteht die Gefahr, dass Feedbackgeber aufgrund von Sympathie oder Antipathie sowie von Vorurteilen gegenüber dem Feedbacknehmer zu extrem milden oder extrem schlechten Beurteilungen tendieren.

Zudem kann die Methode nur dann valide Aussagen über die Leistung treffen, wenn die Bewertungskriterien direkt aus den Unternehmenszielen und Leitbildern abgeleitet sind (vgl. Passung zur Organisationskultur).

Wird die 360-Grad-Beurteilung als Interview durchgeführt, könnten die Feedbackgeber gehemmt sein, ehrliche Antworten abzugeben. Dies trifft vor allem dann zu, wenn der Interviewer aus dem Unternehmen selbst stammt (unzureichende Anonymität). Bei Interviews besteht auch die Gefahr der ungewollten Beeinflussung des Interviewten durch den Interviewer. Dieser Umstand ließe sich aber durch einen hohen Standardisierungsgrad des Interviews minimieren.

4.2.3 Fazit

Der große Vorteil dieser Methode liegt mit Sicherheit darin, dass die Beurteilung nicht nur aus einer Perspektive geschieht, sondern dass die Kompetenzen einer Führungskraft aus verschiedenen Blickwinkeln beurteilt werden. Das sorgt für eine gewisse Objektivität der Methode. Allerdings sollte man beachten, dass die Beurteilung meist nur mit einem Instrument (Interview oder Fragebogen) erhoben werden. Daher eignet sich die 360-Grad-Beurteilung eher als Grundlage für weitere Personalentwicklungsmaßnahmen und weniger als eigenständige Methode, welche die alleinige Grundlage für wichtige Personalentscheidungen darstellt.

4.3 Management Audit

4.3.1 Beschreibung der Methode

Das Management Audit ist ein Verfahrenssystem mit dem ein Managementsystem mithilfe einer begründeten Auswahl an diagnostischen Verfahren beurteilt wird (Wübbelmann, 2001). Ziel des Management Audits ist es, valide Informationen über die Güte des Managements zu bekommen. Die Methode hilft dabei, Entscheidungen über den Einsatz und der Entwicklung einer Führungskraft zu treffen (Sarges, 2005). Weitere Ziele des Audits (vgl. Wübbelmann, 2001; S. 358 und Sarges, 2005):

- Standortbestimmung zur vorhandenen Management-Qualität und dessen Potenzial für Vorstand oder Aufsichtsgremium

- Entscheidungshilfe zwischen mehreren Personen für mehrfach besetzte Positionen im Rahmen von Mergers

- Kennenlernen der vorhandenen Potenziale bei übernommenen Firmen

- Entscheidungshilfe bei der Reorganisation und Neuausschreibung von neu zu gestalteten Stellen im Management

- Angebot zur eigenen Entwicklung und unabhängigem Feedback für die Gesamtebene des Managements

Das Audit wird in der Regel von einer Person von außerhalb des Unternehmens durchgeführt, zum Beispiel von Personalberatungen (Mücke, 2005).

Den Mittelpunkt des Audits stellt oft ein ausführliches Tiefeninterview dar (Obermann, 2006). Die Anforderungen an die Qualität der Methode ist bei der Zielgruppe „Management" besonders hoch. Um den hohen Ansprüchen zu genügen ist es ratsam, verschiedene Datenquellen und unterschiedliche Methoden bei einem Audit heranzuziehen. Daher werden in Audits heutzutage zunehmend auch klassische AC-Übungen verwendet: zum Beispiel Führungsrollenübungen um die Führung abzubilden oder Business Case Studies um das betriebswirtschaftliche Wissen der jeweiligen Führungskraft zu überprüfen (Obermann, 2006).

Da das Management Audit nicht nur einzelne Personen betrachtet, sondern auch das komplette Management Team sowie die relevanten Aspekte des organisationalen Kontextes (z.B. Informations- und Entscheidungsstrukturen, Veränderungsmechanismen und Organisationskultur), empfiehlt Wübbelmann

(2001) das Audit auf drei Ebenen durchzuführen: Management Context Audit, Management Team Audit und Manager Competence Audit. Das Context Audit betrachtet die Abhängigkeit der Manager von ihren Rahmenbedingungen, das Team Audit betrachtet die Wechselwirkungen innerhalb des Management Teams und Competence Audit werden die Kompetenzen der Einzelperson näher betrachtet.

4.3.2 Analyse der Methode

Einsatzzweck: Das Management Audit orientiert sich in seiner ursprünglichen Idee nicht an Einzelpersonen, sondern an der kompletten Führungsebene um Qualität und Potenzial des vorhandenen Managements zu bestimmten (Wübbelmann, 2001).

Zielgruppe: Die Zielgruppe ist in der Regel das gesamte obere Management (Mücke, 2005).

Kompetenzen: Das Kernstück dieser Methode ist ein tiefgreifendes und strukturiertes Interview. Dieses Instrument eignet sich sehr gut zur Erfassung der persönlichen Kompetenzen. Durch gezielte Fragen bringt der Auditor in Erfahrung, wie sich die Führungskraft ihre Rolle in der Organisation vorstellt. Die Antworten können mit den Ergebnissen des Context Audit zu Führungsleitlinien und Unternehmenskultur auf Übereinstimmungen verglichen werden.

Mithilfe von situativen Fragen kann überprüft werden, inwiefern sich die Führungskraft in spezifischen Situationen ihrer Rolle entsprechend verhält. Dabei können auch Stärken und Schwächen aufgedeckt werden. Situative und biographiebezogene Fragen könnten erfassen, wie die Führungskraft mit ihr unbekannten Situationen umgeht bzw. in der Vergangenheit damit umgegangen ist: Hier könnte zum Beispiel im Fokus stehen, wie es die Führungskraft geschafft hat, trotz sich verändernder Bedingungen, ihre Ziele zu erreichen. Um das Potenzial für eine neue Position (zum Beispiel bei einer Firmenübernahme) zu erfassen, sollte die befragte Person im Interview mit situativen Fragen konfrontiert werden die Situationen widerspiegeln, welche für die neue Position typisch sind. Unterstützend dazu eignet sich für die Erfassung der Kompetenzen *Flexibilität und Lernkompetenz* auch eine Fallstudie, in der die Führungskraft mit typischen Problemstellungen der neuen Position konfrontiert wird.

Auch die Aufgaben- und soziale Kompetenzbereiche lassen sich mit dem Interview (wie oben beschrieben) mithilfe von situativen und biographischen

Fragen erfassen. Aber gerade hier bieten sich ergänzend verschiedene simulationsorientierte Verfahren an, die ein noch umfassenderes Bild von den vorhandenen Kompetenzen bieten.

Für den Kompetenzbereich Aufgabenkompetenz bieten sich hierbei zum Beispiel Fallstudien an. Die Fallstudien sind hierbei wieder so angelegt, dass sie möglichst realitätsnah positionsspezifische Problemstellungen simulieren. Anders als im Assessment Center, welches in der Regel eher für Personen konzipiert sind, die noch wenig oder gar keine Erfahrung in Führungspositionen vorweisen können, sollte man in einer Fallstudie im Rahmen eines Management Audits, an dem üblicherweise Top-Manager teilnehmen, davon ausgehen, dass diese aufgrund ihrer Erfahrung und Position bereits einige Kompetenzen besitzen müssen. So macht es bei einem sehr erfahrenen Top-Manager wahrscheinlich wenig Sinn, zu testen ob er in größeren Zusammenhängen denken kann oder ob er in der Lage ist Ziele zu definieren, da er dies in seiner oft langjährigen Berufspraxis mit Sicherheit des Öfteren getan haben dürfte. Stattdessen sollten in solchen Fallstudien Wissen und Methodenkompetenzen erfasst werden, welche der Manager in einer zukünftigen Situation benötigen wird. Sein *Fachinteresse und Fachwissen* kann der Manager zum Beispiel in einem Vortrag bzw. einer Präsentation unter Beweis stellen.

Zur Erfassung der sozialen Kompetenzen eignen sich beispielsweise Rollenspiele sowie Vorträge und Präsentationen. Auch bei den Rollenspielen ist es wieder wichtig, dass diese möglichst realitätsnah spezifische Situationen simulieren. Hierbei könnten beispielsweise Verhandlungen oder Konfliktgespräche nachgestellt werden. Zur Überprüfung der *Interkulturellen Kompetenz* könnten die Rollenspielübungen auch in einer Fremdsprache und mit den Eigenheiten fremder Kulturen stattfinden.

Passung zur Organisationskultur: Die Unternehmenskultur spielt im Management Audit eine wichtige Rolle, da nicht nur die einzelnen Manager bzw. das Management Team unter Beobachtung steht, sondern auch alle relevanten Aspekte des organisationalen Kontextes Gegenstand der Untersuchung sind. Ein Audit sollte daher aufgreifen, welche zentralen Werte, Normen und Regeln in der Organisation tief verankert sind und wie stark diese zur Stabilität und Integration beitragen (Wübbelmann, 2001). Ein zentraler Punkt dabei ist, wie stark die innere Verpflichtung der Führungskräfte gegenüber diesen Grundlagen ist.

Der Ausgangspunkt für die Beurteilung zur Passung der Organisationskultur stellt ein vorheriges Context Audit dar (Wübbelmann, 2001). Im Interview wird dann überprüft, inwiefern die Führungskraft die zentralen Normen, Werte und Regeln der Organisation verinnerlicht hat und ob sie mit seinen Werten und Grundsätzen übereinstimmen. Biographische Fragen können herausarbeiten, ob sich der Befragte in der Vergangenheit in spezifischen Situationen an diesen Werten orientiert hat. Auch kann dabei herausgearbeitet werden, ob und wie sich der Befragte an die Kultur angepasst hat. Gibt oder gab es Abweichungen und haben diese Abweichungen Probleme verursacht?

Unterstützend zum Interview könnte auch noch ein Fragebogen (zum Beispiel das Organisationsklimaprofil) herangezogen werden (vgl. Wübbelmann, 2001).

Instrumente: Den Hauptbestandteil des Management Audits bildet ein strukturiertes Interview, welches meist noch um weitere Instrumente ergänzt wird. Dabei handelt es sich auf der Ebene des Competence Audits um bekannte Übungen aus dem Assessment Center wie Fallstudien, Managementsimulationen, Persönlichkeitstests sowie Präsentationen und Gesprächssimulationen (vgl. Obermann, 2006 und Rohrschneider et al., 2010). Auf der Ebene des Context Audits und des Team Audits sind auch Beobachtungen im Arbeitsumfeld möglich. So könnte ein externer Auditor zum Beispiel als Beobachter in Teamsitzungen anwesend sein, um Rückschlüsse auf Problemlöse- und Entscheidungsstrukturen innerhalb der Managementebene (oder auch innerhalb des Unternehmens) ziehen zu können. Auch zur Bewertung der Unternehmenskultur kann die Beobachtungsmethode für externe Auditoren hilfreich sein.

Multimethodalität: Wie auch die Assessment Center Methode vereint das Management Audit die drei methodischen Ansätze nach Schuler. Der Ergebnisansatz wird dabei durch das Interview, welches das Kernstück darstellt, erfasst. In der heutigen Praxis hat es sich durchgesetzt, das Interview mit simulationsorientierten Verfahren zu ergänzen (Verhaltensansatz). Des Weiteren stellt auch der Einsatz von psychologischen Tests keine Seltenheit mehr dar (Eigenschaftsansatz).

Akzeptanz: Die Akzeptanz dieser Methode hängt vor allem von den eingesetzten Instrumenten ab. Da bei einem Audit üblicherweise Führungskräfte aus dem Top-Management unter die Lupe genommen werden ist es wichtig zu wissen, dass bei dieser Zielgruppe Befragungsmethoden auf eine höhere Akzeptanz stoßen als Beobachtungsmethoden (Wübbelmann, 2001). Wobei Gruppenübungen auf eine geringere Akzeptanz stoßen als Einzelübungen. Vor dem Hintergrund, dass viele Top-Manager bei Gruppenübungen einen Gesichtsverlust befürchten, ist von Gruppenübungen abzuraten (Wübbelmann, 2001).

Grenzen der Methode: Wie schon beim Assessment Center besteht auch beim Management Audit die Gefahr zahlreicher Beobachtungsverzerrungen. Außerdem besteht beim Interview natürlich immer auch die Gefahr ungewollter Beeinflussung des Interviewten durch den Interviewer. Durch den hohen Anspruch der an diese Methode gestellt wird, sollten daher nur sehr erfahrene Auditoren eingesetzt werden, welche in der Lage sind den erfahrenen Top-Führungskräften auf Augenhöhe zu begegnen.

Eine weitere Gemeinsamkeit mit dem AC ist der Umstand, dass die Teilnehmer des Audits auch hier versuchen, die Aufgabenstellungen und Bedeutungen der Fragen im Interview zu interpretieren. Die Gefahr der Verstellung der Selbstdarstellung besteht also auch hier (vgl. Wübbelmann, 2001).

Weiterhin besteht die Gefahr der ungenügenden Akzeptanz der Methode. Gerade Top-Manager mit jahrelanger Führungserfahrung stellen sich vielleicht die Frage, ob ein Management Audit überhaupt neue Erkenntnisse hervorbringen kann (vgl. Wübbelmann, 2005). Reichen jahrelange Tätigkeit im Unternehmen denn nicht aus, um die Potenziale einer Führungskraft einschätzen zu können? Hierzu muss den Betroffenen rechtzeitig gezeigt werden, dass ein Audit versucht, Vorhersagen auf zukünftige Aufgaben zu treffen und daher eine wichtige Entscheidungshilfe für weitere Entwicklungsmaßnahmen sein kann.

4.3.3 Fazit

Das Management Audit stellt eine höchst umfangreiche und auch anspruchsvolle Methode dar. Der große Vorteil liegt sicherlich darin, dass in einem Audit nicht nur einzelne Personen betrachtet werden, sondern auch weitergehende Aspekte wie zum Beispiel die Unternehmenskultur Gegenstand der Untersuchung sind. Aufgrund des großen Umfangs und der Tatsache, dass Führungskräfte im Top-Management den Untersuchungsgegenstand darstellen, sollte ein Audit nur von sehr erfahrenen und im Idealfall externen Auditoren durchgeführt werden. Diese können aber auf eine sehr umfangreiche Methodenvielfalt zurückgreifen, da sich in den letzten Jahren neben dem Tiefeninterview auch andere Methoden durchgesetzt haben, die auch in Assessment Centern zum Einsatz kommen und sich dort schon lange bewährt haben.

4.4 Managerdisputation

4.4.1 Beschreibung der Methode

Bei einer Managerdisputation (oft auch Hearing genannt) bezieht der Teilnehmer Stellung zu aktuellen oder zukünftigen und für das Unternehmen relevante Themenstellungen. Das Konzept wird dabei Auditoren vorgestellt, denen sich der Teilnehmer einer kritischen Diskussion unterziehen muss (Mücke, 2005). Gegenstand der Diagnostik ist die Aktion und Interaktion des Umfeldes mit der Person selbst. Beurteilt wird die Passung von Person und Organisation (Friederichs, 1995). Im Fokus steht dabei vor allem inwieweit sich der Kandidat mit den Gegebenheiten des Unternehmens auseinandergesetzt hat und ob er sich mit den Zielen des Unternehmens identifizieren kann (Mücke, 2005).

Bei der Beurteilung spielt vor allem die Kommunikation eine wichtige Rolle. Hierbei wird erfasst, wie flexibel und konstruktiv die Interaktion zwischen Teilnehmer und den Auditoren während der Diskussion ist (Mücke, 2005). Am Ende sollte die Managerdisputation offenbaren, ob der Manager in der Organisation seine Kernpersönlichkeit behalten kann und ob die Organisation ihre Kernstruktur (Ziele, Werte, Strategien etc.) behalten kann oder ob diese durch die Interaktion mit der Führungskraft zu Konflikten kommen kann (Friederichs, 1995). Als Diagnoseinstrument der Umfeldeignung sollte diese Methode der letzte Baustein einer Beurteilung sein. Sie wird erst dann eingesetzt, wenn Fachqualifikation und sonstige Eignungskriterien welche die Person besitzen muss, erfüllt sind (Friederichs, 1995).

Das Verfahren kann aus mehreren Disputationen bestehen. Der Kandidat bearbeitet in der Regel zuerst eine Fallstudie und präsentiert das Ergebnis anschließend den Auditoren. Diese beziehen zu den Ergebnissen des Teilnehmers kritisch Stellung und hinterfragen systematisch dessen Vorschläge, Meinungen und Standpunkte um ihn auf Realitätssinn, Redlichkeit, Glaubwürdigkeit und Festigkeit hin zu überprüfen (Friederichs, 1995). Die Diskussion soll so geführt werden, dass die individuellen Werthaltungen und Ziele des Kandidaten offenbart werden und mit den Grundwerten der Organisation abgeglichen werden können.

4.4.2 Analyse der Methode

Einsatzzweck: In einer Managerdisputation wird die Passung von Person und Organisation beurteilt. Es soll dabei die Eignung für eine neue Führungsposition festgestellt werden (Potenzialanalyse).

Zielgruppe: Als Zielgruppe kommen in der Regel Bewerber und Anwärter in Betracht, die sich um eine Stelle im Top-Management bewerben bzw. die als sich als geeignet erweisen könnten.

Kompetenzen: Wie bereits eingangs erwähnt, wird für die Durchführung einer Managerdisputation bereits eine Kompetenzanalyse vorausgesetzt. Dennoch eignet sich die Methode recht gut für die Erfassung einiger, für die Disputation ohnehin wichtiger Kompetenzbereiche. Für eine Beurteilung, ob die Person zur Organisation passt, müssen die Kompetenzbereiche *Selbstreflexion* und die *persönlichen Werte* des Kandidaten erfasst werden. Dabei müssen die Fallstudien und die Diskussion so gestaltet sein, dass sie dem Kandidaten die Möglichkeiten geben, sich seine persönlichen Werte und Führungsleitlinien herauszuarbeiten. Diese zu hinterfragen und auf ihre Tauglichkeit in Bezug zur Organisationskultur hin zu überprüfen, ist Aufgabe der Auditoren während der kritischen Diskussion.

Der Kompetenzbereich *Flexibilität und Lernkompetenz* könnte zwar auch in der Fallstudie erfasst werden, allerdings sollte die Passung des Kandidaten zur Organisation bei der Manager Disputation im Vordergrund stehen. Daher sollte diese Kompetenz bereits im Vorfeld mit einer anderen Methode überprüft worden sein.

Dasselbe gilt auch für die Aufgabenkompetenz. Die Kompetenzbereiche *Unternehmerische und strategische Kompetenz, Fachinteresse und Fachwissen* sowie die *Methodenkompetenz* sollten bereits in einer früheren Stufe des Auswahlprozesses erfasst worden sein. Interessant in der Disputation hinsichtlich der Passung ist allerdings die Kompetenz *Problemlösen und Entscheiden.* Hierbei von Interesse ist, inwiefern die Lösungen und Entscheidungen des Kandidaten für unternehmensspezifische Probleme und Konflikte im Einklang mit den Werten des Unternehmens stehen.

Eine wichtige Rolle nimmt bei der Manager Disputation die *Kommunikation* ein. Die Auditoren können nicht nur die rhetorischen Fähigkeiten sowie die Überzeugungskraft des Kandidaten überprüfen, sondern auch wie flexibel und konstruktiv die Interaktion zwischen Führungskraft und Auditoren innerhalb der

Diskussion abläuft (Mücke, 2005). Hierbei wird ersichtlich, ob der Kandidat seine Konzepte zusammen mit anderen weiterentwickeln und umsetzen kann. Ob der Kandidat seinen Mitarbeitern gegenüber ein wertschätzendes Verhalten an den Tag legt und ob er sie motivieren kann (*Motivation und Wertschätzung*) könnte mithilfe von Fallstudie und Diskussion zwar auch simuliert werden, dennoch sollte man diese Kompetenz bereits vor der Disputation mithilfe von anderen Methoden erfasst haben (bei internen Kandidaten würde sich hier zum Beispiel ein 360-Grad-Feedback anbieten). Ebenso sollte auch die *Interkulturelle Kompetenz* sowie das Verständnis zu *Diversity Management* bereits im Vorfeld überprüft worden sein.

Passung zur Organisationskultur: Die Methode wurde zur Erfassung des Person-Organisation-Fit entwickelt (vgl. Friederichs, 1995). Im Gegensatz zu anderen Methoden der klassischen Diagnostik die sich zur Erfassung bestimmter Fähigkeiten, Eigenschaften und Einstellungen eignen, konzentriert sich die Manager Disputation auf die Umfelddiagnostik (Friederichs, 1995).

Die Fallstudien sollten so angelegt sein, dass sie diejenigen Anforderungen erfassen, welche für die Grundwerte und Führungsleitlinien des Unternehmens stehen. In der anschließenden Diskussion sollten die Auditoren die Werte und Führungsprinzipien des Kandidaten herausarbeiten, damit sie anschließend mit den Grundwerten des Unternehmens abgeglichen werden können.

In der Regel setzt sich das Auditoren-Team aus bestehenden Managern des Management-Teams zusammen. Das heißt, der Kandidat stellt sich während der Diskussion den kritischen Äußerungen seiner potenziellen Kollegen. Daher können sowohl der Kandidat als auch die Auditoren sehr gut herausarbeiten, wie sich der Bewerber später in einer selbstständigen Rolle durch kritische Führungs- und Entscheidungssituationen führt (Friederichs, 1995).

Instrumente: Zum Einsatz kommen bei einer Manager-Disputation die Diskussion, Präsentationen bzw. Vorträge sowie Fallstudien. Die Fallstudien können dabei variiert werden. Vorstellbar sind beispielsweise Unternehmensfallstudien in denen es um die komplexe Simulation verschiedener Unternehmensbereiche wie Personal-, Finanz- oder Vertriebspolitik geht. In Führungsfallstudien werden typische Führungsproblematiken des Unternehmens dargestellt (vgl. Friederichs, 1995).

Multimethodalität: Das Verfahren ist in erster Linie ein simulationsorientiertes Verfahren und orientiert sich daher am Verhaltensansatz (vgl. Schuler & Höft,

2001). Allerdings bildet die Manager Disputation meist die Spitze eines längeren Auswahlverfahrens, der bereits andere Methoden vorangegangen sind. Das heißt, die Diagnostik der Kandidaten wurde im Idealfall bereits vorher auch mit anderen Ansätzen durchgeführt (zum Beispiel Interviews, Testverfahren etc.).

Akzeptanz: Die Akzeptanz des Verfahrens ist im Allgemeinen sowohl bei den Entscheidern als auch bei den Kandidaten sehr hoch (vgl. Friederichs, 1995).

Grenzen der Methode: Eine Grundvoraussetzung bei der Anwendung dieses Verfahrens ist es, dass im Vorfeld bereits eine umfassende Kompetenzanalyse des Kandidaten stattgefunden hat (vgl. Friederichs, 1995). Denn die Aufgabe dieser Methode ist es nicht, die allgemeinen Fähigkeiten einer potenziellen Führungskraft zu erfassen, sondern die Überprüfung der Passung zwischen dem Kandidaten und der Organisation (Umfeldeignung). Für eine hohe Aussagekraft der Manager Disputation sind daher eine vorherige Beschäftigung mit den notwendigen Kompetenzen der Führungskraft sowie eine genaue Analyse der eigenen Organisationskultur unumgänglich (Friederichs, 1995).

Wie bei anderen situativen Ansätzen besteht auch bei der Manager Disputation die Gefahr von Beurteilungsfehlern (vgl. Abschnitt 3.3.4). Die Auditoren sollten daher im Vorfeld eine Beobachterschulung erhalten. Auf Seiten der Kandidaten besteht die Gefahr, dass diese versuchen, die Erwartungen an sie zu interpretieren und sich dahingehend zu verstellen. Durch kritisches Hinterfragen der Aussagen können die Auditoren diesen Effekt aber minimieren.

4.4.3 Fazit

Die Manager Disputation eignet sich sehr gut dazu, Aussagen über die Passung einer Person zur Organisationskultur zu machen. Allerdings sollte man berücksichtigen, dass die Disputation nur das letzte Glied in einer Reihe vorhergehender Schritte in einem Diagnoseverfahren ist. Diejenigen Kandidaten, die zu einer Manager Disputation eingeladen werden, sollten bereits im Vorfeld einer Kompetenzanalyse unterzogen worden sein.

4.5 Integrationsrunden

4.5.1 Beschreibung der Methode

Hinter dieser Methode steht der Gedanke, dass keine andere Person im Unternehmen umfassendere und vielschichtigere Eindrücke von einem Mitarbeiter gewinnen kann als dessen Vorgesetzter. Das Potenzial eines Mitarbeiters kann dabei nur bei Betrachtung des organisationalen Umfelds verstanden werden (Schuh, 2005).

Die Methode besteht aus mehreren Stufen (vgl. Schuh, 2005 sowie Hellmer & Smetschka, 2009): Zunächst wird der Mitarbeiter in einem *Vorgespräch* von seinem direkten Vorgesetzen über die anstehende Potenzialanalyse informiert und dass er in der anstehenden Potenzialkonferenz zur Diskussion steht. Bekundet der Mitarbeiter sein Interesse an der Teilnahme dieser Potenzialanalyse, so beginnt sein Vorgesetzter mit der *Potenzialeinschätzung*. Er schätzt dabei das Entwicklungspotenzial des Mitarbeiters mithilfe eines Kompetenzmodells ein und beschreibt den IST-Zustand und das Potenzial des Mitarbeiters in jeder Kompetenz. Dieser Prozess findet in allen Abteilungen zum Beispiel eines Ressorts statt und jeder Abteilungsleiter schlägt in der anschließenden *Potenzialkonferenz* (je nach Größe der Abteilung) zwischen ein und drei Potenzialträger vor. In dieser Potenzialkonferenz werden die einzelnen Potenzialträger von den Abteilungsleitern und deren Vorgesetzten (z.B. Ressortleiter) kritisch im Quervergleich diskutiert. Moderiert wird die Konferenz vom jeweils verantwortlichen HR-Bereich. Die Aufgabe des HR-Vertreters ist es unter anderem, das Potenzial des jeweiligen Mitarbeiters durch kritisch-konstruiertes Nachfragen zu skizzieren (Beispielhafte Frage: *„Was waren bei dem Kandidaten im vergangenen Jahr drei Schlüsselsituationen, aus denen auf sein Potenzial bezüglich Kompetenz X geschlossen werden kann?"*; Schuh, 2005; S. 12) Die endgültige Potenzialaussage wird am Ende von der Konferenz beschlossen, nicht vom einzelnen Abteilungsleiter.

Nach der Potenzialkonferenz erfolgt das *Rückmeldegespräch*. Dem Mitarbeiter wird hierbei in einem ausführlichen Feedbackgespräch das Ergebnis durch den Vorgesetzten mitgeteilt und weitere Maßnahmen zur Entwicklung und Sicherung des Potenzials des Mitarbeiters geplant.

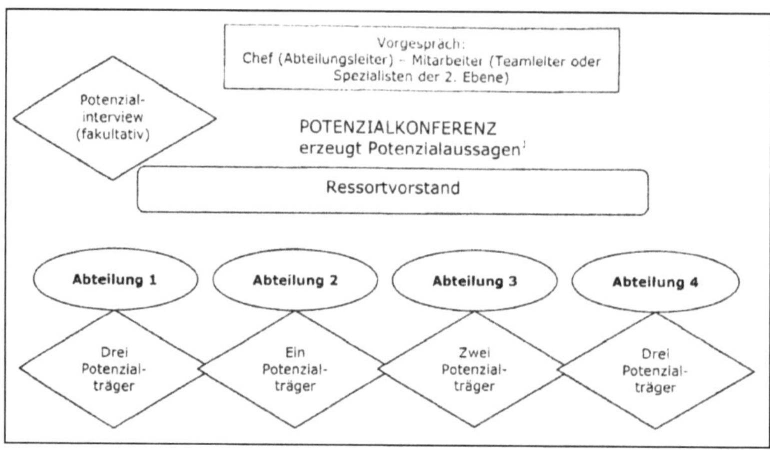

Abbildung 5: Beispiel der Potenzialanalyse für die Abteilungsleiterebene bei der Generali Vienna Group.
(Aus: Hellmer & Smetschka, 2009; S. 75).

4.5.2 Analyse der Methode

Einsatzzweck: Diese Methode dient der *Potenzialanalyse* einer potenziellen Führungskraft.

Zielgruppe: Diese Methode eignet sich vor allem für die Potenzialanalyse potenzieller Führungskräfte auf Abteilungsleiterebene, die bereits im Unternehmen sind und sich dort bewährt haben. Also für Fach- und Führungskräfte die, nach Einschätzung ihres direkten Vorgesetzten, das Potenzial für eine Position in der unteren und mittleren Führungsebene mitbringen.

Kompetenzen: Wie beim 360-Grad-Feedback geht man davon aus, dass die Leistungen und Entwicklungspotenziale des Mitarbeiters am besten durch das nächste Umfeld des Mitarbeiters beurteilt werden kann. In diesem Fall erfolgt die Einschätzung des Entwicklungspotenzials durch den direkten Vorgesetzten. Dabei orientiert sich dieser im Idealfall an beobachtbarem Verhalten und belegt seine Beobachtungen mit konkreten Beispielen (Schuh, 2005). Zusätzlich können zur Einschätzung auch vergangene Leistungsbeurteilungen herangezogen werden. Auch die Durchführung eines 360-Grad-Feedbacks ist denkbar. Eine weitere, tiefergehende Analyse der Kompetenzen ist bei dieser Methode nicht vorgesehen. Allerdings werden hier auch nur Personen beurteilt, die sich bereits im Unternehmen befinden. Ihre vorhandenen Kompetenzen haben sie zuvor bei ihrer täglichen Arbeit in ihrer jeweiligen Abteilung unter Beweis stellen können, vor allem was die Aufgaben- und sozialen Kompetenzen betreffen. Bei der Einschätzung der Selbstkompetenz (z.B. Selbstreflexion, Motivation etc.) kommt es drauf an, inwieweit der Beurteilte in das Verfahren involviert ist und Stellung zu den einzelnen Beurteilungskriterien beziehen kann. So könnte man dem Mitarbeiter schon im Vorgespräch die Möglichkeit geben, sich zur Beurteilung seines Vorgesetzten zu äußern.

Passung zur Organisationskultur: Wie beim 360-Grad-Feedback geht man davon aus, dass die Leistungen und Entwicklungspotenziale des Mitarbeiters am besten durch das nächste Umfeld des Mitarbeiters beurteilt werden kann. In diesem Fall erfolgt die Einschätzung des Entwicklungspotenzials durch den direkten Vorgesetzten. Dabei orientiert sich dieser im Idealfall an beobachtbarem Verhalten und belegt seine Beobachtungen mit konkreten Beispielen (Schuh, 2005). Zusätzlich können zur Einschätzung auch vergangene Leistungsbeurteilungen herangezogen werden. Auch die Durchführung eines 360-Grad-Feedbacks ist denkbar. Eine weitere, tiefergehende Analyse der Kompetenzen ist bei dieser Methode nicht vorgesehen. Allerdings werden hier auch nur Personen beurteilt, die sich bereits im Unternehmen befinden. Ihre vorhandenen Kompetenzen haben sie zuvor bei ihrer täglichen Arbeit in ihrer jeweiligen Abteilung unter Beweis stellen können.

Instrumente: Das Kernstück der Integrationsrunde stellt die Potenzialkonferenz in Form einer Diskussion dar. Die Einschätzung der Kompetenzen durch den direkten Vorgesetzten des Mitarbeiters findet vor der Konferenz mit anderen Methoden statt. Grundlage für diese Kompetenzeinschätzung sind vergangene Leistungsbeurteilungen (zum Beispiel in Form einer 360-Grad-Beurteilung) oder die direkte Beobachtung des Mitarbeiters im Arbeitsalltag.

Multimethodalität: Das Kernstück der Integrationsrunde stellt die Potenzialkonferenz in Form einer Diskussion dar. Die Einschätzung der Kompetenzen durch den direkten Vorgesetzten des Mitarbeiters findet vor der Konferenz mit anderen Methoden statt. Grundlage für diese Kompetenzeinschätzung sind vergangene Leistungsbeurteilungen (zum Beispiel in Form einer 360-Grad-Beurteilung) oder die direkte Beobachtung des Mitarbeiters im Arbeitsalltag.

Akzeptanz: Zur generellen Akzeptanz dieser Methode liegen keine Studien vor. In der Generali Vienna Group, wo das Verfahren konzipiert wurde, stieß die Methode auf eine hohe Akzeptanz (vgl. Schuh, 2005).

Grenzen der Methode: Wie schon bei der 360-Grad-Beurteilung besteht die Gefahr, dass die Beurteiler nur einzelne Facetten des jeweiligen Mitarbeiters kennen. Die besteht die Tendenz, dass die Vorgesetzten die Mitarbeiter ihrer eigenen Abteilung generell besser einschätzen, als die Mitarbeiter anderer Abteilungen (vgl. Aronson et al., 2008). Wie bei anderen Methoden auch, kann es passieren, dass manche Beurteiler bereits vorgefestigte Meinungen bzw. Vorurteile über bestimmte Kandidaten besitzen und diese in die Bewertung mit einfließen lassen.

4.5.3 Fazit

Der große Vorteil dieser Methode liegt in der vergleichsweise kostengünstigen und relativ einfachen Durchführung. Im Gegensatz zu anderen Verfahren kann das Unternehmen hier auf seine internen Ressourcen zurückgreifen. Teure Experten von außerhalb des Unternehmens sind nicht nötig. Die Beurteilung wird von internen Führungskräften und Vertretern der HR-Abteilungen vorgenommen. Zur Beurteilung können vergangene Leistungsbeurteilungen herangezogen werden, die ohnehin schon durchgeführt wurden. Beachten sollte man daher, dass sich die Methode an Personen richtet, die schon im Unternehmen arbeiten. Sollen Führungspositionen auch mit externen Kandidaten besetzt werden, sind andere Methoden wie zum Beispiel das Assessment Center besser geeignet.

4.6 Psychologische Tests

4.6.1 Beschreibung der Methode

Unter psychologischen Tests versteht man „standardisierte, routinemäßig anwendbare Verfahren zur Messung individueller Verhaltensmerkmale (...) aus denen Schlüsse auf Eigenschaften der betreffenden Person oder auf ihr Verhalten in anderen Situationen gezogen werden können" (Schuler & Höft, 2001; S. 96). In vielen Unternehmen werden heute zunehmend auch psychologische Tests für die Eignungs- und Potenzialdiagnostik eingesetzt. Meist kommen dabei Intelligenz- und Persönlichkeitstests zum Einsatz (Kanning, 2015). Diese beiden Verfahren werden in diesem Abschnitt nun näher vorgestellt.

Intelligenztests

Eine einheitliche Definition für den Begriff Intelligenz gibt es in der Psychologie nicht (Asendorpf & Neyer, 2012). Es existieren unzählige Definitionen und Intelligenzmodelle, im Allgemeinen kann man Intelligenz aber als individuelle

Ausprägung der Begabung in kognitiven Bereichen wie sprachliche, visuell-räumliche, rechnerische oder mathematische Fähigkeiten beschreiben (Neubauer & Bergner, 2013).

Intelligenztests erfassen diese intellektuelle Leistungsfähigkeit in ihrer Ausprägung und eignen sich gut für die Vorhersage für den beruflichen Erfolg, da sie eine Vielzahl unterschiedlicher kognitiver und motivationaler Anforderungen erfassen (Asendorpf & Neyer, 2012). Dabei kommen unterschiedliche Aufgaben wie zum Beispiel Matrizen-Übungen, Zahlenreihen etc. zum Einsatz.

Dass Intelligenz eine erfolgreiche Ausübung eines Berufes fördert, wurde bereits vielfach empirisch belegt. Die meisten Studien zeigen eine Korrelation zwischen einem hohen IQ und Berufserfolg meist von über .50 bei auf. Je komplexer das berufliche Tätigkeitsfeld und die zu lösenden Probleme einer Person sind, desto größer ist der Vorteil, der sich aus einer hohen kognitiven Leistungsfähigkeit ergibt (Neubauer & Bergner, 2013).

Eine Übersicht von in der Managementdiagnostik verbreiteter deutschsprachiger Intelligenztests befindet sich in Anhang B.

Persönlichkeitstests

Wie bei der Intelligenz existieren zur Beschreibung der Persönlichkeit verschiedene Modelle. Am verbreitetsten ist allerdings das Fünf-Faktoren-Modell, welches zur Beschreibung von Persönlichkeit fünf globale Dimensionen kennt (Schmidt-Atzert & Amelang, 2012): Neurotizismus, Extraversion, Verträglichkeit, Offenheit für Erfahrung sowie Gewissenhaftigkeit. Jede einzelne Dimension dieser „Big Five" kann noch einmal in verschiedene Facetten zerteilt werden (Extraversion umfasst zum Beispiel Herzlichkeit, Geselligkeit, Aktivität etc.). Es ist im Allgemeinen akzeptiert, dass die Persönlichkeit und die Interessen eines Menschen seine berufliche Leistung und die Anpassung an ein bestimmtes Arbeitsumfeld beeinflussen. Ebenso, dass Personen mit bestimmten Persönlichkeitsmustern in bestimmten Berufssparten, Branchen und Positionen vorzufinden sind (Weinert, 1995). Daher liegt es nahe, in der Eignungsdiagnostik sowie bei Potenzialanalysen auch Persönlichkeitstests einzusetzen.

Persönlichkeitstests sind Instrumente, die der Messung von emotionalen, motivationalen, zwischenpersönlichen und Einstellungscharakteristika dienen (Weinert, 1995). Dabei erfassen Persönlichkeitsfragebögen meist viele verschiedene Persönlichkeitsmerkmale (Schmidt-Atzert & Amelang, 2012). Dem Anwender werden vorformulierte Fragen oder Feststellungen vorgelegt, die dieser ohne langes Überlegen zu beantworten hat. Auch die Antworten sind in der Regel durch Skalen festgelegt.

Es stellt sich natürlich die Frage, über welche Persönlichkeitseigenschaften eine Führungsperson verfügen muss, um erfolgreich zu sein. Ausgehend vom Fünf-Faktoren-Modell gibt es dazu zahlreiche Studien (vgl. Nerdinger, 2014b). In Tabelle 4 werden die Zusammenhänge zwischen den „Big-Five" und dem Führungserfolg dargestellt:

Persönlichkeitseigenschaft	P[1]
Neurotizismus	-.24
Extraversion	.31
Offenheit für Erfahrung	.24
Verträglichkeit	.08
Gewissenhaftigkeit	.28

Tabelle 4: Zusammenhänge zwischen "Big-Five" und Führungserfolg
(Aus: Nerdinger, 2014b; S. 88).

Bei Extraversion und Gewissenhaftigkeit besteht ein positiver Zusammenhang mit Führungserfolg. Neurotizismus hingegen korreliert negativ mit Führungserfolg (Ängstlichkeit ist hinderlich für Führungserfolg). Die Zusammenhänge sind nicht sonderlich groß, können aber als stabil betrachtet werden. Die Persönlichkeit eines Menschen hat somit Einfluss auf den Führungserfolg, dieser kann aber nicht allein dadurch erklärt werden. Faktoren wie das Verhalten der Führungskraft oder die Umwelt bleiben bei Persönlichkeitstests unberücksichtigt (Nerdinger, 2014b).

Eine Auswahl häufig eingesetzter Persönlichkeitstest befindet sich in Anhang C.

---

[1]   *P* = korrigierte durchschnittliche Korrelation

4.6.2 Analyse der Methode

Intelligenztests

Einsatzzweck: Intelligenztests dienen der Erfassung von Kompetenzen und werden auch bei Potenzialanalysen eingesetzt.

Zielgruppe: Generell ist der Einsatz von Intelligenztests über alle Führungshierarchien hinweg denkbar.

Kompetenzen: Welche Kompetenzen ein Intelligenztest genau misst, kommt auf den Test und die zugrundeliegende Theorie an. Es existieren verschiedene Intelligenzkonstrukte (Asendorpf & Neyer, 2012): allgemeine Intelligenz, die fluide Intelligenz (die Fähigkeit unbekannte Probleme zu lösen oder sich neuen Situationen anzupassen, ohne dass auf besonderes Wissen zurückgegriffen werden muss), kristalline Intelligenz (die Fähigkeit, erworbenes Wissen auf Problemlösungen anzuwenden) und Gedächtnis (Einprägen, Wiedererkennen und Reproduzieren von Informationen). Um auf das Kompetenzmodell für diese Arbeit zu kommen, können Intelligenztests daher sehr gut die Ausprägungen der *Flexibilität und Lernkompetenz* sowie des *Problemlösens* erfassen. Zudem können auch Rückschlüsse auf andere Kompetenzen des Bereichs der Aufgabenkompetenz gezogen werden (wie zum Beispiel auf die *unternehmerische und strategische Kompetenz* und *Methodenkompetenz*). Auch die Erfassung der sprachlichen Kompetenz (*Kommunikation*) kann durch einige Intelligenztests erfasst werden.

Für die Erfassung der Aufgabenkompetenz können Intelligenztests also geeignet sein. Allerdings sollte man beachten, dass Intelligenztests im Gegensatz zu anderen Methoden keine realistischen Arbeits- und Führungssituationen simulieren. Da Führungserfolg in hohem Maße auch von der Umgebung abhängig ist, sollten Intelligenztests allenfalls ergänzend zu anderen Methoden wie zum Beispiel Assessment Centern herangezogen werden, vor allem aber auch deshalb, weil Intelligenztests in Bezug auf die Selbst- und Sozialkompetenz insgesamt nur sehr beschränkt oder gar keine Aussagen treffen können (z.B. in Bezug auf die Selbstreflexion etc.). Hierbei sind Interviews oder situative Verfahren meist aussagekräftiger (vgl. Daumenlang, 1995).

Passung zur Organisationskultur: Intelligenztests dienen als Instrument zur Erfassung der Ausprägung kognitiver Fähigkeiten. Als Instrument zur

Überprüfung der Passung einer Person zur Organisation sind sie daher nicht geeignet.

Instrumente: Es gibt sowohl verbale als auch nonverbale Verfahren. In der Diagnostik im Unternehmenskontext haben sich nonverbale, meist computergestützte Verfahren durchgesetzt (vgl. Schmidt-Atzert & Amelang, 2012).

Multimethodalität: Intelligenztests basieren auf dem Eigenschaftsansatz. Sie lassen sich aber auch mit anderen Ansätzen (wie zum Beispiel simulationsorientierten Verfahren) kombinieren.

Akzeptanz: Die Akzeptanz von Intelligenztests ist, sowohl bei den Beurteilten als auch bei den Unternehmen, im Allgemeinen eher gering ausgeprägt. In Unternehmen (vor allem in kleineren Unternehmen) fehlt oft die Expertise für die Durchführung solcher Tests. Auch zweifeln viele Manager am Nutzen und an der Aussagekraft von Intelligenztests (vgl. Weinert et al., 2014). Auf Seiten der Beurteilten stößt das Verfahren in Bezug auf die soziale Validität auf eine eher geringe Akzeptanz (vgl. Blickle, 2014).

Grenzen der Methode: Leistungstests (zu denen auch die Intelligenztests gezählt werden) sagen nichts über die sozialen Kompetenzen einer Person aus. Gerade Führungskräfte müssen im Berufsalltag mit anderen Menschen zusammenarbeiten und auch der organisationale Kontext spielt eine wichtige Rolle bei der erfolgreichen Aufgabenbewältigung im Führungsalltag. Zur Beantwortungen von Fragestellungen wie „Ist die Führungskraft in der Lage ihre Mitarbeiter zu motivieren?" oder „Ist die Führungskraft in der Lage im Team mit anderen Kollegen zusammenzuarbeiten?" sind Intelligenztests daher nicht geeignet.

Persönlichkeitstests

Einsatzzweck: Persönlichkeitstests finden vor allem in Potenzialanalysen Anwendung (Lackner, 2012).

Zielgruppe: Wie die Intelligenztests eignen sich Persönlichkeitstests für alle Zielgruppen.

Kompetenzen und Passung zur Organisationskultur: Wie bereits in der Beschreibung erwähnt, messen Persönlichkeitstests in erster Linie die Ausprägung der Persönlichkeitsmerkmale einer Person. Dennoch eignen sich einige Tests auch zur Selbsteinschätzung für einige Kompetenzen. Der weit verbreitete 16-Persönlichkeits-Faktoren-Test (16 PF-R) lässt durchaus Rückschlüsse auf soziale Kompetenzen und logisches Schlussfolgern zu und hat sich auch für den Einsatz bei der Auswahl von Führungskräften bewährt (Weinert, 1995). Erwähnenswert ist auch die deutsche Fassung des California Psychological Inventory (CPI). Der deutsche CPI eignet sich vor allem für die Erfassung von Management-Potenzial, da er versucht vorherzusagen, was eine Person in spezifischen Kontexten sagen und tun wird (Weinert, 1995).

Anders als Intelligenztests sind Persönlichkeitstests gewissermaßen in der Lage vorherzusagen, wie sich eine Person in einer bestimmten Situation verhalten wird, wie sie sich gegenüber anderen Personen verhalten wird oder ob sie sich im in Bezug auf die Organisationskultur im Unternehmen zurechtfinden wird. Allerdings handelt es sich in der Regel dabei um Selbsteinschätzungen der jeweiligen Person. Daher sollten die Ergebnisse immer mit einer anderen Methode überprüft werden (vgl. Grenzen der Methode weiter unten). Welcher Fragebogen für die Erfassung welcher Kompetenzen in Frage kommt, ist abhängig von der dahinterstehenden Theorie. Einen kleinen Überblick gibt die Tabelle in Anhang C.

Instrumente: Im Unternehmenskontext kommen in der Regel Papierfragebögen oder computergestützte Fragebögen zum Einsatz. In anderen Bereichen (zum Beispiel im klinischen Bereich) sind auch Interviews üblich (Schmidt-Atzert & Amelang, 2012).

Multimethodalität: Wie alle psychologischen Tests basieren Persönlichkeitstests auf dem Eigenschaftsansatz. Sie sollten als Ergänzung zu anderen Methoden angesehen werden.

Akzeptanz: Auf Seiten der Bewerber um eine Position stoßen Persönlichkeitstests auf eine etwas geringere Akzeptanz als Intelligenztests (vgl. Blickle, 2014). Die Akzeptanz ist im Allgemeinen höher, wenn sich der Test an realen Anforderungen in Bezug auf die zu besetzende Position orientiert (Kersting, 1997).

Grenzen der Methode: Bei Persönlichkeitstests besteht die Gefahr, dass die Anwender versuchen, sich selbst vorteilhaft darzustellen (vgl. Schuler & Höft, 2001). Der Anwender wird versuchen die Test-Items so zu beantworten, wie er denkt, dass es für die Führungsposition erwartet wird. Zudem erfassen Persönlichkeitstests das Selbstbild des Anwenders. Die Person wird dazu aufgefordert sich anhand unterschiedlicher Aussagen selbst einzuschätzen. Die Einschätzung kann mal mehr mal weniger realistisch sein. Aufgrund dessen ist die Prognosekraft von Persönlichkeitstests niedriger als die von Intelligenztests (Kanning, 2015).

Des Weiteren werden viele Persönlichkeitstests heutzutage von Personalberatungsfirmen selbst entwickelt. Diese Testverfahren haben meist den Nachteil, dass sie nicht wissenschaftlich überprüft und von neutraler Stelle bewertet wurden. Auch viele prominente Verfahren, die in den Personalabteilungen häufig zum Einsatz kommen, wie zum Beispiel der MBTI, sind wissenschaftlich nicht anerkannt (Kanning, 2015). Beim Einsatz von Persönlichkeitstests sollten die Personalverantwortlichen daher bereits im Vorfeld genauere Informationen über das Testverfahren einholen. Ein gutes Kriterium zur Beurteilung eines Testverfahrens hierzu sind die Testgütekriterien. Bei einem seriösen Verfahren werden Angaben zu Validität, Reliabilität und Objektivität gemacht.

Besondere Vorsicht ist geboten, wenn Tests beispielsweise religiöse oder politische Tendenzen erfassen. Dies ist aus rechtlicher Sicht in Deutschland aufgrund des Allgemeinen Gleichbehandlungsgesetztes (AGG) nicht erlaubt und kann juristische Konsequenzen nach sich ziehen. Daher sollten entsprechende Instrumente nicht in der Management-Diagnostik eingesetzt werden.

4.6.3 Fazit

Intelligenztests stellen eine sinnvolle Unterstützung bei der Auswahl von Führungskräften dar. Studien belegen positive Zusammenhänge zwischen einem hohen IQ und der Besetzung von höheren Positionen, bzw. Positionen mit komplexen Tätigkeitsfeldern. Als alleinige Entscheidungsgrundlage sollten Intelligenztests aber nicht eingesetzt werden, da sie kaum oder keine Rückschlüsse auf soziale Kompetenzen oder zur Passung zur Organisationskultur zulassen. Vielmehr eignen sie sich für den zusätzlichen Einsatz zu anderen Methoden wie dem Assessment Center.

Die Persönlichkeit hat geringe Einflüsse auf den Führungserfolg (vgl. Abschnitt 4.6.1.2). Dieser ist aber auch von anderen Faktoren wie dem Verhalten oder der Organisationskultur abhängig, die bei Persönlichkeitstests in der Regel nicht erfasst werden. Daher eignen sich diese Tests wie die Intelligenztests auch nur ergänzend zu anderen Methoden. Hier gilt es allerdings zu beachten, dass die Vorhersagekraft von Persönlichkeitstests im Allgemeinen als geringer angesehen werden muss, da sie anders als Leistungstests auf der Selbsteinschätzung des Anwenders basieren (Weinert, 1995). Hinzu kommt, dass viele beliebte

Persönlichkeitsfragebögen wie das Freiburger-Persönlichkeits-Inventar (FPI) nur allgemeine Persönlichkeitsdimensionen erfassen und daher für die Managementdiagnostik wenig aussagekräftig sind (Weinert, 1995). Bei der Auswahl von Persönlichkeitsfragebögen sollte daher genau darauf geachtet werden, ob die Dimensionen des Tests Rückschlüsse auf das zukünftige Verhalten einer Person in Führungssituationen schließen lässt.

Bei allen eingesetzten Testverfahren gilt es zu beachten, dass sie auf wissenschaftlich fundierten Modellen basieren (wie zum Beispiel dem Fünf-Faktoren-Modell). Auskünfte darüber geben zum Beispiel die Gütekriterien. Liegen von einem Anbieter keine Daten zu Validität und Reliabilität vor, gilt es misstrauisch zu sein. Die Verfahren sollten daher von Psychologen begleitet werden. Auch die gesetzlichen Bestimmungen gilt es zu beachten, da Verstöße gegen das AGG sowie gegen das Bundesdatenschutzgesetz juristische Konsequenzen nach sich ziehen können (vgl. Maties & Wottawa, 2011).

5 Vergleich der Methoden und Fazit

Wie die Analyse gezeigt hat, eignet sich nicht jede Methode für jede Fragestellung und Situation. Die Auswahl der richtigen Instrumente hängt sehr stark davon ab, ob eine Analyse der vorhandenen Kompetenzen, des Potenzials oder der Performance vorgenommen werden soll. Zudem muss darauf geachtet werden, ob eine Methode alleine ausreichend sein könnte, weil sie zum Beispiel ein recht umfassendes Bild der zu beurteilenden Person liefert oder ob sie nur eine Ergänzung zu anderen Methoden darstellt, da nur Facetten abgebildet werden können (zum Beispiel bei psychologischen Tests). Des Weiteren ist die Wahl auch von der Position der Teilnehmer abhängig. So stoßen beispielsweise Gruppen-ACs bei Top-Managern auf wenig Verständnis, die Angst vor einer „öffentlichen" Bloßstellung ist zu groß. Auf Teamleiter-Ebene wäre eine Gruppen-AC akzeptierter und auch ökonomisch sinnvoller.

Des Weiteren sollte darauf geachtet werden, dass Interviewfragen, Aufgabenstellungen und andere Instrumente direkt aus dem Anforderungsprofil bzw. den Führungs- und Unternehmensleitbildern abgeleitet werden, um valide Informationen darüber zu bekommen, ob der Kandidat für die jeweilige Position geeignet ist und gut zum Unternehmen und dessen Kultur passt. Psychologische Testverfahren sollten zudem auf wissenschaftlich fundierten Modellen basieren, welche auch den Personen bekannt sein müssen, die diese Tests durchführen. Daher ist es ratsam, dass die Diagnose von Managern oder potenziellen Managern von erfahrenen Psychologen (oder Personen mit entsprechender Vorbildung) begleitet wird.

Auseinandersetzen müssen sich die Verantwortlichen auch mit der selektiven und subjektiven Wahrnehmung des Menschen. Personen gehen bei der Beurteilung anderer Personen immer mit vorgefertigten Meinungen, Stereotypen und Vorurteilen in die Beobachtungssituation. Zudem beeinflussen sich Menschen stets gegenseitig. Ein hundertprozentig objektives Verfahren kann es daher nicht geben, durch Standardisierung lässt sich die Objektivität einer Methode aber zumindest erhöhen.

Zusammenfassend befindet sich auf der nächsten Seite noch ein abschließender Vergleich der einzelnen Methoden.

	Assessment Center	360-Grad-Feedback	Management Audit	Manager Disputation	Integrations-runde	Intelligenztests	Persönlichkeits-tests
Einsatzzweck	Kompetenzen, Potenzialanalyse	Performance, Kompetenzen	Potenzialanalyse, Performance, Kompetenzen	Potenzialanalyse	Potenzialanalyse	Kompetenzen, Potenzialanalyse	Potenzialanalyse
Zielgruppe	Manager aller Ebenen	Unteres und mittleres Management	Oberes Management	Oberes Management	Manager aller Ebenen	Manager aller Ebenen	Manager aller Ebenen
Selbstkompetenz	✓	✓	✓	✓	O	X	✓
Aufgabenkompetenz	✓	O	✓	O	✓	O	O
Soziale Kompetenz	✓	✓	✓	✓	✓	X	O
Passung zur Organisationskultur	O	✓	✓	✓	✓	X	✓
Instrumente	Präsentation Rollenspiel Fallstudie Interview Gruppendiskussion Postkorb	Interview Fragebogen	Interview Rollenspiel Fallstudie Postkorb Vortrag/ Präsentation	Diskussion Fallstudie	Diskussion (Potenzialkonferenz) Leistungsbeurteilung	Fragebogen	Fragebogen
Multimethodalität	Ja	Nur in Verbindung mit anderen Verfahren	Ja	Nur in Verbindung mit anderen Verfahren	Nur in Verbindung mit anderen Verfahren	Nur in Verbindung mit anderen Verfahren	Nur in Verbindung mit anderen Verfahren
Akzeptanz	Mittel	Von der Feedback-Kultur abhängig	Hoch	Hoch	Hoch	Gering	Gering
Anmerkung	Im Top-Management sollten bzgl. Akzeptanz Einzel-ACs durchgeführt werden	Eignet sich mehr als Ergänzung zu anderen Verfahren, weniger als Einzelmethode				Eignet sich mehr als Ergänzung zu anderen Verfahren, weniger als Einzelmethode	Eignet sich mehr als Ergänzung zu anderen Verfahren, weniger als Einzelmethode

Erläuterung: X = Für diesen Zweck eher ungeeignet, bzw. zu geringer Nutzen

O = Für diesen Zweck mit Einschränkungen geeignet

✓ = Für diesen Zweck sehr gut geeignet

Tabelle 5: Die einzelnen Methoden im Vergleich
(eigene Darstellung)

Literaturverzeichnis

Aronson, E., Wilson, T. & Akert, R. (2008). Sozialpsychologie (6. Auflage). München: Pearson-Verlag.

Asendorpf, J.B. & Neyer, F. (2012). Psychologie der Persönlichkeit (5. Auflage). Berlin: Springer-Verlag.

Batsching, T. (2005). Die MANN+HUMMEL Potenzialanalyse – eine Alternative zum externen Management Audit. In: Wübbelmann, K. (Hrsg.). Handbuch Management Audit (S. 105-114). Göttingen: Hogrefe-Verlag.

Blickle, G. (2014). Personalmarketing. In: Nerdinger, F., Blickle, G. & Schaper, N. (Hrsg.). Arbeits- und Organisationspsychologie (3. Auflage) (S. 224-237). Berlin: Springer-Verlag.

Blessin, B. & Wick, A. (2014). Führen und führen lassen (7. Auflage). Konstanz: UVK Verlagsgesellschaft.

Brocke, B. (1995). Intelligenz: Struktur und Prozeß. In: Sarges, W. (Hrsg.). Management-Diagnostik (2. Auflage) (S. 225-240). Göttingen: Hogrefe-Verlag.

Daumenlang, K. (1995). Intelligenztests. In: Sarges, W. (Hrsg.) Management-Diagnostik (2. Auflage) (540-548). Göttingen: Hogrefe-Verlag.

Decker, C., Mölders, C. & Van Quaquebeke, N. (2014). Mehr als ein Kuschelfaktor: Die Sehnsucht nach Respekt. In: Wirtschaftspsychologie Aktuell 4/2014, S. 46-48.

Friederichs, P. (1995). Manager-Disputation. In: Sarges, W. (Hrsg.). Management-Diagnostik (2. Auflage) (S. 627-635). Göttingen: Hogrefe-Verlag.

Grunwald, W. (1995). Aufgaben und Schlüsselqualifikationen von Managern. In: Sarges, W. (Hrsg.). Management-Diagnostik (2. Auflage) (S. 194-205). Göttingen: Hogrefe-Verlag.

Harss, C. & Liebich, A. (2015). Gespür für andere Kulturen – wie sich interkulturelle Kompetenz messen lässt. In: Wirtschaftspsychologie Aktuell 2/2015, S. 28-34.

Hellmer, S. & Smetschka, B. (2009). Prozesskompetenz entwickeln – Veränderung gestalten. Heidelberg: Carl-Auer Verlag.

Höft, S. & Funke, U. (2001). Simulationsorientierte Verfahren der Personalauswahl. In: Schuler, H. (Hrsg.). Lehrbuch der Personalpsychologie (S. 135-174). Göttingen: Hogrefe-Verlag.

Jochmann, W. (2006). Mitarbeiter-Potenzialanalysen und Management-Audits. In: Riekhof, H. (Hrsg.). Strategien der Personalentwicklung (6. Auflage) (S. 81-102). Wiesbaden: Betriebswirtschaftlicher Verlag Dr. Th. Gabler.

Kanning, U. (2015). Personalauswahl zwischen Anspruch und Wirklichkeit – Eine wirtschaftspsychologische Analyse. Berlin: Springer-Verlag.

Kauffeld, S. & Grote, S. (2011). Personalentwicklung. In: Kauffeld, S. (Hrsg.). Arbeits-, Organisations- und Personalpsychologie. Heidelberg: Springer Medizin Verlag.

Krumm, S. & Mertin, I. (2013). Kompetenzmodelle. In: Sarges, W. (Hrsg.). Management-Diagnostik (4. Auflage) (S. 491-498). Göttingen: Hogrefe-Verlag.

Lackner, A. (2012). Praxishandbuch Managementdiagnostik: Potenziale erkennen, Kompetenzen messen, Performance steigern. Stuttgart: Schäffer-Poeschel-Verlag.

Lang, R. & Rybnikova, I. (2014). Aktuelle Führungstheorien und -konzepte. Wiesbaden: Springer-Gabler.

Lang-von Wins, T., Triebel, C., Buchner, U. & Sandor, A. (2008). Potenzialbeurteilung. Diagnostische Kompetenz entwickeln – die Personalauswahl optimieren. Heidelberg: Springer Medizin Verlag.

Lepsinger, R. & Lucia, A. (2009). The Art and Science of 360-Degree-Feedback (2nd Edition). San Francisco: Jossey-Bass.

Malik, F. (2006). Führen Leisten Leben – Wirksames Management für eine neue Zeit. Frankfurt/Main: Campus-Verlag.

Malik, F. (2007). Management: Das A und O des Handwerks. Frankfurt/Main: Campus-Verlag.

Marcus, B. & Schuler, H. (2001). Leistungsbeurteilung. In: Schuler, H. (Hrsg.). Lehrbuch der Personalpsychologie (S. 397-433). Göttingen: Hogrefe-Verlag.

Maties, M. & Wottawa, H. (2011). Nicht immer erlaubt: Wann Eignungstests künftig zulässig sind. In: Wirtschaftspsychologie Aktuell 4/2011 (S. 28-32).

Mücke, I. (2005). Potenzialanalyse – wichtiger denn je. In: Hernsteiner 2/2005, 4-9.

Nerdinger, F. (2014a). Organisationsklima und Organisationskultur. In: Nerdinger, F., Blickle, G. & Schaper, N. (Hrsg.). Arbeits- und Organisationspsychologie (3. Auflage) (S. 144-156). Berlin: Springer-Verlag.

Nerdinger, F. (2014b). Führung von Mitarbeitern. In: Nerdinger, F., Blickle, G. & Schaper, N. (Hrsg.). Arbeits- und Organisationspsychologie (3. Auflage) (S. 84-100). Berlin: Springer-Verlag.

Neubauer, A. & Bergner, S. (2013). Intelligenz und Kreativität. In: Sarges, W. (Hrsg.). Management-Diagnostik (4. Auflage) (S. 202-207). Göttingen: Hogrefe-Verlag.

Neuberger, O. (1995). Unternehmenskultur. In: Sarges, W. (Hrsg.). Management-Diagnostik (2. Auflage) (S. 162-165). Göttingen: Hogrefe-Verlag.

Neuberger, O. (2002). Führen und führen lassen (6. Auflage). Stuttgart: Lucius & Lucius.

Obermann, C. (2006). Assessment Center: Entwicklung, Durchführung, Trends (3. Auflage). Wiesbaden: Betriebswirtschaftlicher Verlag Dr. Th. Gabler.

Rohrschneider, U., Friedrichs, S. & Lorenz, M. (2010). Erfolgsfaktor Potenzialanalyse. Wiesbaden: Gabler-Verlag.

Sarges, W. (1995). Eignungsdiagnostische Überlegungen für den Managementbereich. In: Sarges, W. (Hrsg.). Management-Diagnostik (2. Auflage) (S. 1-21). Göttingen: Hogrefe-Verlag.

Sarges, W. (2005). Management-Audit: Wünschenswerte Trends aus Sicht der Management-Diagnostik. In: Wübbelmann, K. (Hrsg.). Handbuch Management Audit. Göttingen: Hogrefe-Verlag.

Sarges, W. (2006). Management-Diagnostik. In: Petermann, F. & Eid, M. (Hrsg.). Handbuch der Psychologischen Diagnostik (S. 739-746). Göttingen: Hogrefe-Verlag.

Sarges, W. (2009). Warum Assessment-Center häufig zu kurz greifen – und zudem meist das falsche zu messen versuchen. In: Zeitschrift für Arbeits- und Organisationspsychologie Jg. 53, S. 79-82.

Schein, E. (2010). Organizational Culture and Leadership (4th Edition). San Francisco: Jossey-Bass.

Scherm, M. (2005). 360-Grad-Beurteilungen: Leistung einschätzen und Kompetenzen entwickeln. In: Scherm, M. (Hrsg.). 360-Grad Beurteilungen (S. 3-20). Göttingen: Hogrefe-Verlag.

Scherm, M. & Süß, S. (2011). Personalmanagement (2. Auflage). München: Verlag Franz Vahlen.

Schmidt-Atzert, F. & Amelang, M. (2012). Psychologische Diagnostik (5. Auflage). Berlin: Springer-Verlag.

Schönpflug, W. & Schönpflug, U. (1997). Die Grundlagen der Psychologie. Weinheim: Verlagsgruppe Beltz.

Schuh, S. (2005). Potenzialanalyse in der Generali Vienna Group. In: Hernsteiner 2/2005, 10-14.

Schuler, H. & Moser, K. (1995). Geschichte der Managementdiagnostik. In: Sarges, W. (Hrsg.). Management-Diagnostik (2. Auflage) (S. 32-42). Göttingen: Hogrefe-Verlag.

Schuler, H. & Höft, S. (2001). Konstruktorientierte Verfahren der Personalauswahl. In: Schuler, H. (Hrsg.). Lehrbuch der Personalpsychologie. Göttingen: Hogrefe-Verlag.

Scliger, R. (2008). Das Dschungelbuch der Führung: Ein Navigationssystem für Führungskräfte. Heidelberg: Carl-Auer-Systeme Verlag.

Sprenger, R. (2014). Mythos Motivation – Wege aus der Sackgasse (20. Auflage). Frankfurt: Campus-Verlag.

Spriestersbach, A., Stulle, K. P. & Kersting, M. (2009). 360-Grad-Feedback. In: Personalwirtschaft 03/2009 (S. 48-50).

Spörli, S. & Schmid, F. (2006). Das Einzel-Assessment als Baustein der Führungskräfteentwicklung. In:Riekhof, H. (Hrsg.). Strategien der Personalentwicklung (6. Auflage) (S. 103-112). Wiesbaden: Betriebswirtschaftlicher Verlag Dr. Th. Gabler.

Stippler M., Moore, S., Rosenthal, S. & Dörffer, T. (2011a). Personenzentrierte Führungstheorien. In: Stippler, M., Moore, S., Rosenthal, S. & Dörffer, T. (Hrsg.). Führung – Überblick über Ansätze, Entwicklungen und Trends (S. 16-18). Gütersloh: Verlag Bertelsmann Stiftung.

Stippler, M., Moore, S., Rosenthal, S. & Dörffer, T. (2011b). Führung im Kulturvergleich. In: Stippler, M., Moore, S., Rosenthal, S. & Dörffer, T. (Hrsg.). Führung – Überblick über Ansätze, Entwicklungen und Trends (S. 99). Gütersloh: Verlag Bertelsmann Stiftung.

Süß, H. & Beauducet, A. (2013). Intelligenztests. In: Sarges, W. (Hrsg.). Management-Diagnostik (4. Auflage) (S. 616-628). Göttingen: Hogrefe-Verlag.

Vahs, D. (2012). Organisation: Ein Lehr- und Managementbuch (8. Auflage). Stuttgart: Schäffer-Poeschel-Verlag.

Weinert, A. (1995). Persönlichkeitstests. In: Sarges, W. (Hrsg.). Management-Diagnostik (2. Auflage) (S. 531-540). Göttingen: Hogrefe-Verlag.

Weinert, S., van Laak, C. & Müller-Vorbrüggen, M. (2014). Identifikation von High Potentials: Testverfahren fristen ein Schattendasein. In: Wirtschaftspsychologie Aktuell 3/2014 (S. 12-14).

Wottawa, H. & Hossip, R. (1997). Anwendungsfelder psychologischer Diagnostik. Göttingen: Hogrefe-Verlag.

Wottawa, H. (2005). Kompetenzmodelle als Basis von Management Audits. In: Wübbelmann, K. (Hrsg.). Handbuch Management Audit (S. 205-228). Göttingen: Hogrefe-Verlag.

Wübbelmann, K. (2001). Management Audit – Unternehmenskontext, Teams und Managerleistung systematisch analysieren. Wiesbaden: Betriebswirtschaftlicher Verlag Dr. Th. Gabler.

Wübbelmann, K. (2005). Kritik am Management Audit. In: Wübbelmann, K. (Hrsg.). Handbuch Management Audit (S. 21-30). Göttingen: Hogrefe-Verlag.

Anhang

Anhang A: Exemplarisches Kompetenzmodell für die Analyse

Nachfolgend ist hier noch einmal das Kompetenzmodell samt Erläuterung der einzelnen Dimensionen dargestellt (Eigene Darstellung mit Ergänzungen aus Wübbelmann, 2001; S. 154ff). Dabei ist zu beachten, dass dies nur eine exemplarische Darstellung ist. Jedes Unternehmen und jede Position erfordern spezifische Anforderungen an ihre Führungskräfte und Mitarbeiter.

Persönliche Kompetenz

- Selbstreflexion
  - ✓ Die Führungskraft (FK) ist sich ihrer Rolle in der Organisation bewusst und verhält sich in verschiedenen Situationen den Erwartungen ihrer Rolle entsprechend
  - ✓ Die FK ist sich ihrer Stärken und Schwächen bewusst

- Flexibilität und Lernkompetenz
  - ✓ Die FK findet angemessene Strategien um sich in neuen und unbekannten Situationen zurecht zu finden
  - ✓ FK ist in der Lage veränderte Rahmenbedingungen schnell wahrzunehmen und ihre Strategien zur Zielerreichung entsprechend zu modifizieren
  - ✓ FK ist in der Lage unterschiedliche Möglichkeiten der Information und Kommunikation zu nutzen
  - ✓ Verhalten der FK ist gekennzeichnet durch aktive Aufnahme neuer Ideen
  - ✓ FK holt selbstständig kritisches Feedback ein

- Persönliche Werte
  - ✓ FK kann ihre eigenen Führungswerte und Beweggründe mit den Werten der Organisation vergleichen und kritisch einordnen

- Eigenmotivation
  - ✓ FK kennt die eigene Motivation für ihr Handeln

Aufgabenkompetenz

- Unternehmerische und strategische Kompetenz
  - ✓ FK ist in der Lage in größeren Zusammenhängen zu denken
  - ✓ FK ist in der Lage konkrete Ziele zu definieren und kann ihr Handeln an den Zielen der Organisation ausrichten
  - ✓ FK ist dazu in der Lage Aktivitäten auf ihre Zieldienlichkeit hin zu hinterfragen

- Problemlösen und Entscheiden
  - ✓ FK ist zu komplexem Problemlösen fähig
  - ✓ FK ist in der Lage konkrete Entscheidungen, auch in Hinsicht gleichwertiger, mehrdeutiger oder gegensätzlicher Alternativen, zu treffen

- Fachinteresse und Fachwissen
  - ✓ FK hat Freude an der Aufgabenbearbeitung
  - ✓ Selbstständige Informationssuche und Weiterbildung über die Arbeitsan-

	forderungen hinaus ✓ Regelmäßige Lektüre von Fachzeitschriften ✓ FK bringt eigene Ideen in Diskussion zu fachlichen Fragen ein ✓ FK ist in der Lage, schnelle und zutreffende Einordnungen und Bewertungen neuer Informationen in fachlichen Zusammenhängen einzubringen
• Methodenkompetenz	✓ FK erkennt die Vor- und Nachteile bestimmter Methoden ✓ FK bringt eigene methodische Vorschläge zur Aufgabenbewältigung ein ✓ FK bezieht methodische Aspekte in die Beurteilung von Leistungen ein
Soziale Kompetenz	
• Kommunikation	✓ FK formuliert ihr Anliegen klar und direkt unter Berücksichtigung ihres Gegenübers ✓ FK ist in der Lage verschiedene Kommunikationskanäle im jeweils richtigen Kontext zu nutzen ✓ Konzentration auf relevante Inhalte ✓ FK ist fähig zur Metakommunikation: Ansprechen von Störungen in der Kommunikation
• Motivation und Wertschätzung	✓ Respektvoller Umgang mit den eigenen Mitarbeitern ✓ Beachtung und verantwortungsvoller Umgang mit den fachlichen Kompetenzen der Mitarbeiter, d.h. gleiche Chancen für Mitarbeiter, sich in herausfordernden Aufgaben zu bewähren und sich zu entwickeln
• Diversity Management und Interkulturelle Kompetenz	✓ FK bringt notwendige Fremdsprachkenntnisse mit ✓ FK kann Sachverhalte aus dem Blickwinkel der jeweils anderen Kultur betrachten ✓ FK ist sich der Unterschiede (in Hinsicht auf Alter, Bildung, Nationalität etc.) bewusst und berücksichtigt diese in der Kommunikation mit Individuen innerhalb und außerhalb der Organisation ✓ FK zeigt Interesse am Umgang mit Menschen aus anderen Kulturen
• Kooperation und Konfliktlösekompetenz	✓ Identifikation mit gemeinsamen Interessen und Zielen ✓ Einhaltung von Spielregeln während der Arbeit

	✓ Eingehen auf Vorschläge und Meinungen anderer ✓ Anwendung von Techniken zur Selbstberuhigung ✓ Aktives Ansprechen von Meinungsverschiedenheiten/Verstimmungen ✓ Erarbeitung konkreter Lösungsvorschläge

Tabelle 6: Das Kompetenzmodell für die Analyse
(eigene Darstellung mit Ergänzungen aus: Wübbelmann, 2001; S. 154ff).

Anhang B: Übliche Intelligenztests in der Managementdiagnostik

Test	Beschreibung[2]
Advanced Progressive Matrices (APM)	Dieser Test eignet sich zur Beurteilung des allgemeinen intellektuellen Niveaus. Es handelt sich hierbei um eine Version für ein überdurchschnittlich kognitives Leistungsniveau (d.h. die Aufgaben sind schwieriger als bei vergleichbaren Tests).
Analyse des schlussfolgernden und kreativen Denkens (ASK)	Die ASK ist vielseitig einsetzbar. Sie kommt z.B. bei der Berufs-, Bildungs- und Laufbahnberatung sowie bei der Personalauswahl zum Einsatz. Der Test erfasst die beiden Bereiche Schlussfolgerndes Denken und kreatives Denken.
Bochumer Matrizentest (BOMAT)	Der Test kommt in der Personalauswahl und -entwicklung zum Einsatz und eignet sich zur Identifikation von „High Potentials". Er dient der Erfassung der Allgemeinintelligenz und der Intelligenzkapazität im hohen Leistungsbereich.
Grundintelligenztestskala 2 – Revision (CFT 20-R)	Der CFT 20-R erfasst das allgemeine intellektuelle Niveau i.S.d. „General Fluid Ability" nach Cattell.
Intelligenz-Struktur-Test 2000 R (I-S-T 2000 R)	Dieser Test erfasst elf Fähigkeiten: verbale, figural-räumliche und rechnerische Intelligenz; Merkfähigkeit; schlussfolgerndes Denken, verbales, figural-bildhaftes sowie numerisches Wissen und fluide und kristallisierte

---

[2]   Quelle für die Beschreibungen: www.testzentrale.de; Stand: 21.12.2015

Test	Beschreibung[2]
	Intelligenz.
Watson-Glaser Critical Thinking Appraisal	Der WGCTA erfasst sprachgebundene Fähigkeiten zum kritischen Denken (hohe Relevanz für Erfolg von Entscheidungsträgern in Organisationen).
Wechsler Intelligenztest für Erwachsene (WIE)	Der WIE eignet sich zur Erfassung des allgemeinen geistigen Entwicklungsstandes sowie zur Abklärung von Entwicklungsstörungen.
Wilde-Intelligenz-Test 2 (WIT 2)	Der WIT-2 eignet sich zum Einsatz in der Eignungsdiagnostik. Der Fokus der Aufgaben liegt bei beruflichen Schlüsselqualifikationen und Grundfertigkeiten.
Wiener-Matrizen-Test 2 (WMT 2)	Der WMT-2 erfasst die Fähigkeit zum schlussfolgernden Denken

Tabelle 7: Intelligenztests.

Die Auswahl ist entnommen aus: Süß & Beauducet, 2013; S. 619

Anhang C: Häufig eingesetzte Persönlichkeitstests in der Managementdiagnostik

Test	Beschreibung[3]
16-Persönlichkeits-Faktoren-Test	Breites Einsatzgebiet, kommt aber auch bei der Berufsberatung zum Einsatz. Erfasst 16 Primär-Dimensionen u.a. (Auswahl): Konkretes vs. Abstraktes Denken, Soziale Anpassung vs. Selbstbehauptung, Flexibilität vs. Pflichtbewusstsein, Selbstvertrauen vs. Besorgtheit, Gruppenverbundenheit vs. Eigenständigkeit etc.
Freiburger Persönlichkeitsinventar (FPI)	Der Test misst insgesamt 10 Dimensionen + Extraversion und Emotionalität. Er eignet sich aber weniger für den Einsatz im Management- und Führungsbereich, da die Konstrukte für die Beurteilung der Eignung zu unspezifisch für diese Funktionen sind.
Der Deutsche CPI (California Psychological Inventory)	Das CPI misst Persönlichkeitseigenschaften in fünf unterschiedlichen Bereichen: Skalen für soziale Ausgeglichenheit, bestimmende Einflussnahme, Selbstsicherheit und

---

[3] Quelle für die Beschreibungen (wenn nicht anders angegeben): Weinert, 1995; S. 533ff und Schmidt-Atzert & Amelang, 2012; S. 259ff

Test	Beschreibung[3]
	zwischenmenschliche Kompetenz.
	Skalen für Sozialisation, Maturität, Verantwortlichkeit und interpersönliche Wertstrukturierung.
	Skalen für Leistungspotenzial und Intellektuelle Effizienz.
	Skalen für Ausdrucksformen des Intellekts und der Interessen.
	Skalen für Führungspotenzial und Arbeitsethik.
	Der Test wurde speziell für den Einsatz in der Managementdiagnostik entwickelt. Er misst keine Persönlichkeitstraits sondern versucht vorherzusagen, was eine Person in einem spezifischen Kontext sagen und tun wird.
Myer-Briggs-Typenindikator (MBTI)	Basis des Tests ist die Theorie von C. G. Jung. Zuordnung von insgesamt 16 Persönlichkeitstypen. Zu den Gütekriterien der deutschen Fassung liegen keine Studien vor, zum Teil negative Befunde zur amerikanischen Fassung. Von einer Anwendung wird daher abgeraten (Kanning, 2015).
Bochumer Inventar zur berufsbezogenen Persönlichkeitsbeschreibung (BIP)	Fragebogen der speziell für die berufliche Eignungsdiagnostik entwickelt wurde. Er misst insgesamt 14 Dimensionen die nach den Autoren für beruflichen Erfolg relevant sind. Auswahl: Leistungsmotivation, Führungsmotivation, Flexibilität, Kontaktfähigkeit, Teamorientierung etc. Insgesamt zufriedenstellende Werte bei den Gütekriterien, gute Grundlage für Explorations-, Beratungs- und Rückmeldegespräche.

Tabelle 8: Persönlichkeitstests.

Die Auswahl ist entnommen aus: Weinert, 1995; S. 533ff sowie Kanning, 2015; S. 122f